Taller de

expresión
oral

Materialien für die mündliche Prüfung in der Oberstufe

PUNTO DE VISTA
Taller de expresión oral
Materialien für die mündliche Prüfung in der Oberstufe

Im Auftrag des Verlages erarbeitet von
Uschi Zöller

und der Redaktion Fremdsprachen in der Schule
Matthias Nusser

Beratende Mitwirkung: Doris Jakob-Fuchshuber
Bildassistenz: Nadja Hantschel, Ulrike Schick
Umschlaggestaltung: werkstatt für gebrauchsgrafik, Berlin
Layout und technische Umsetzung: zweiband.media, Berlin

www.cornelsen.de

1. Auflage, 2. Druck 2013

© 2012 Cornelsen Verlag, Berlin
© 2013 Cornelsen Schulverlag GmbH, Berlin

Druck: H. Heenemann, Berlin

ISBN 978-3-06-022392-3

 Inhalt gedruckt auf säurefreiem Papier aus nachhaltiger Forstwirtschaft.

Inhaltsverzeichnis

Inhaltsverzeichnis CD-ROM

Mündliche Prüfungen (Partner- und Gruppenprüfungen)

Zusatzmaterialien

Vorwort

Liebe Kolleginnen und Kollegen,

Sie und Ihre Schülerinnen und Schüler planen in diesem Schuljahr eine mündliche Prüfung und möchten dabei erfolgreich sein.

In dieser Handreichung finden Sie hierzu im Teil „**Grundlagen zur mündlichen Prüfung**" nützliche Tipps, Antworten und Erläuterungen zu folgenden Fragen:

– Was prüfe ich in einer mündlichen Prüfung?
– Wie gestalte ich eine mündliche Prüfung?
– Wie bereite ich eine mündliche Prüfung vor?
– Wie führe ich die Prüfung effizient und transparent durch?
– Wie bewerte ich eine mündliche Prüfung?

In einem **zweiten Teil** liefert die Handreichung umfangreiche Prüfungsmaterialien, die folgendermaßen aufgebaut sind:

– Zu jedem Themenbereich finden Sie zwei Prüfungen auf unterschiedlichen Anforderungsniveaus: eine für neu einsetzende und eine für fortgeführte Kurse. Des Weiteren befinden sich am Ende des Heftes zwei Prüfungen, die für die 10. Klasse (als Bindeglied zwischen Mittel- und Oberstufe) geeignet sind.
– Sie haben die Möglichkeit, Partnerprüfungen durch Gruppenprüfungen (→ CD-ROM) zu ersetzen.
– Auf einer Handreichungsseite finden Sie Hinweise zu Thema und Inhalt der jeweiligen Prüfung, geprüftem Sachwissen und Prüfungsablauf.
– Alle mündlichen Prüfungen sind zweigliedrige Prüfungsformate, bei denen sich beide Teile aufeinander beziehen: Der erste Prüfungsteil ist monologisch, gefordert werden hier zusammen-hängende Äußerungen z. B. zu einem Bild- oder Sprachimpuls. Der zweite Prüfungsteil ist interaktiv, z. B. in Form eines Rollenspiels oder einer Diskussion.

Die Prüfungen entsprechen den **Prinzipien des modernen Spanischunterrichts**:

– Sie sind schülerorientiert.
– Sie bieten Möglichkeiten der individuellen Differenzierung.
– Sie basieren auf authentischen oder leicht adaptierten Impulsen oder Ausgangstexten.
– Sie orientieren sich an Unterrichtsinhalten.
– Sie sind aufgabenorientiert.

Auf der **CD-ROM** finden Sie:

– alle mündlichen Prüfungen als Partner- und als Gruppenprüfungen
– Erwartungshorizonte zu allen Prüfungen
– Bewertungsbögen und Bewertungskriterien
– Checklisten für die Lehrkraft und für die Schüler zur Vorbereitung der mündlichen Prüfung
– Redemittellisten zur Vortrags- und Dialoggestaltung
– einen Musterbrief als Information an die Eltern

Alle Dokumente auf der CD-ROM liegen als editierbare Word©-Dateien vor, um Veränderungen und Umstellungen jederzeit zu ermöglichen.

Grundlagen zur mündlichen Prüfung

1. Was prüfe ich in einer mündlichen Prüfung?

Sprache wird im privaten und im beruflichen Bereich **zu 95 Prozent mündlich** und nur zu 5 Prozent schriftlich gebraucht – diese Erkenntnis spiegelt sich deutlich in der Anlage des Gemeinsamen europäischen Referenzrahmens für Sprachen, der der Mündlichkeit einen herausragenden Stellenwert beimisst. Beim privaten und beruflichen Gebrauch der Fremdsprachen sind die mündlichen Kompetenzen für den Erfolg entscheidend. Mündliche Kommunikationsprüfungen geben den Schüler/innen die Möglichkeit, ihre Fähigkeiten in diesem wichtigen Bereich unter Beweis zu stellen. Sie sind in den Lehrplänen fest verankert, was den Wünschen von Lernenden und Lehrenden entgegenkommt.

Beim fremdsprachlichen Sprechen kommen viele Teilkompetenzen zum Tragen, die ausgebildet und geübt werden müssen, damit sie für die Bewertung mündlicher Leistungen in den Blick genommen werden können. Dazu gehören

- **Linguistische Kompetenzen**
  lexikalische Kompetenz, grammatische Kompetenz, phonologische Kompetenz,
- **Soziolinguistische Kompetenzen**
  soziolinguistische Angemessenheit, sprachliche Register,
- **Pragmatische Kompetenzen**
  Flexibilität, Sprecherwechsel, Themenentwicklung, Kohärenz und Kohäsion.

2. Wie gestalte ich eine mündliche Prüfung?

2.1. Aufbau einer mündlichen Prüfung

Mündliche Prüfungen als Klausur in der gymnasialen Oberstufe oder als Teil der Abiturprüfung sind in mehreren Bundesländern fester Bestandteil der Leistungsüberprüfungen. Dabei finden sich unterschiedliche Organisationsformen. Die jeweiligen Vorgaben unterscheiden sich im Hinblick auf die Abfolge der Prüfungsteile, die Anzahl der Prüfungsteilnehmer und die zeitlichen Abläufe.

In der Regel bestehen die Prüfungen aus einem **monologischen Teil** und einer **Aufgabe zur mündlichen Interaktion**. Die Prüfungen in diesem Heft sind alle in dieser Form angelegt, wobei sich die beiden Prüfungsteile inhaltlich aufeinander beziehen. Je nach Bedarf können auch einzelne Teilaufgaben als Prüfungsgrundlage dienen.

Die **Impulse** für den **ersten Prüfungsteil** sollen dem Schüler möglichst viel Raum zu einer komplexen und individuellen Gestaltung seines Vortrags bieten. In Abhängigkeit vom Thema der Prüfung handelt es sich um Fotos, Karikaturen, Statistiken, Zitate oder Kurztexte wie Rezensionen oder Blogeinträge. Der Prüfling soll diese Impulse aufgreifen, sie beschreiben, erläutern und auf der Basis seines Vorwissens erklären. An dieser Stelle ist seine persönliche Stellungnahme oder ein Kommentar gefragt.

Im **zweiten Prüfungsteil** treten die Prüflinge miteinander (oder mit ihrem Prüfer) in ein Gespräch. In diesem Gespräch sollen sie sich auf die Inhalte der Vorträge beziehen, aber auch darüber hinaus weitere Argumente einbringen. Die Bezugnahme auf die Vorträge ist eine Anforderung, die im Unterricht geübt werden muss. In vielen Fällen sind die Prüflinge aufgefordert, sich in eine Rolle zu versetzen, die ihnen eine Stellungnahme zu einem inhaltlichen Schwerpunkt nahe legt. In allen Prüfungen müssen die Prüflinge unter einer bestimmten Fragestellung Argumente abwägen und Stellung beziehen. Ein Teil der Aufgaben ist ergebnisoffen, bei anderen Aufgaben muss ein Ergebnis ausgehandelt werden.

2.2. Einzel-, Paar- und Gruppenprüfungen

Eine mündliche Prüfung kann als **Einzel-**, **Paar-** oder **Gruppenprüfung** angelegt sein. Die Entscheidung für die Anzahl der Prüflinge hat großen Einfluss auf die Ausgestaltung der Prüfung.

Eine **Einzelprüfung** ermöglicht eine klare Zuordnung der erbrachten Leistung, da der Prüfling und der Prüfungsverlauf nicht durch weitere Prüflinge beeinflusst werden kann. Für den dialogischen Teil muss die Lehrkraft ggf. eine doppelte Rolle ausführen: Sie muss einerseits das Prüfungsgespräch führen, andererseits zu einer Bewertung gelangen.

Bei einer **Paarprüfung** kann die Beteiligung der Lehrkraft am Prüfungsgespräch entfallen. Die Kommunikation der Schüler/innen findet auf Augenhöhe statt. Bei dieser Prüfungsform spielt die Zusammensetzung der Prüfungspaare eine besondere Rolle – nicht alle Paare sind leistungsgleich, die Bildung heterogener Paare ist unumgänglich. Das muss kein Nachteil sein: ein leistungsschwächerer Prüfling wird von seinem stärkeren Gegenüber häufig zu besseren Leistungen gebracht, auch der Bessere der beiden Prüflinge kann seine Fähigkeiten eindrucksvoller präsentieren. Zu große Unterschiede in der Leistungsfähigkeit können erfahrungsgemäß die Kommunikation behindern, denn die Prüflinge verstehen einander nicht mehr. Diese Gefahr besteht auch, wenn einer der Prüflinge Muttersprachler ist. Während des vorbereitenden Unterrichts muss dieser Prüfling üben, mit Verständnisschwierigkeiten umzugehen, langsam und deutlich zu sprechen, bekanntes Vokabular zu benutzen und nicht verstandene Begriffe zu umschreiben.

Bei einer **Gruppenprüfung** kommen diese Schwierigkeiten nicht zum Tragen, große Leistungsunterschiede werden von der Gruppe leichter aufgefangen. Im Vorfeld der Prüfung wird den Schüler/innen verdeutlicht, dass alle Teilnehmer für das Gelingen der Prüfung Verantwortung tragen, jeder Einzelne muss sich bemühen, die Kommunikation aufrecht zu erhalten. Sollte ein Prüfling sich zu wenig in das Gespräch einbringen, ist es die Aufgabe der übrigen Prüflinge, ihn durch geeignete Impulse wieder am Gespräch zu beteiligen.

2.3. Prüfungsdauer und Vorbereitungszeit

Bei den Überlegungen zur Dauer einer Prüfung darf man nicht vergessen, dass die Zeit, die man zum Verfassen eines schriftlichen Textes benötigt, nicht vergleichbar mit der Zeit für die Produktion eines gesprochenen Textes ist. Wenige Minuten Sprechzeit entsprechen dem Umfang einer schriftlichen Klausur. Die angesetzte **Prüfungszeit** entspricht dem Lernstand der Schüler/innen. Falls Sie nicht durch Vorgaben Ihres Bundeslandes festgelegt ist, können Sie sich an den folgenden beiden Beispielen orientieren, die sich bewährt haben:

	Partnerprüfung	**Gruppenprüfung** (vier Prüflinge)
Spanisch neu einsetzend 2. Lernjahr (11. Klasse)	2 x 3 Min. Vortrag 8 Min. Dialog	4 x 3 Min. Vortrag 15 Min. Gespräch
Spanisch fortgeführt 4. Lernjahr (11. Klasse)	2 x 5 Min. Vortrag 10 Min. Dialog	4 x 5 Minuten Vortrag 20 Min. Gespräch

Die **Vorbereitungszeit** für die Prüfung hat großen Einfluss auf die Prüfung selbst und muss in die Planung einbezogen werden. Die Regelungen der einzelnen Bundesländer sind hier sehr unterschiedlich. Es hat sich gezeigt, dass jede Minute Vorbereitungszeit die Qualität der Beiträge erhöht. Dies gilt sowohl für die monologischen Teile als auch für die interaktiven Teile. In einigen Bundesländern darf die Vorbereitungszeit in die häusliche Arbeit verlegt werden, beispielsweise bereiten die Schüler/innen ein Kurzreferat oder eine Präsentation zu einer Aufgabenstellung vor und tragen sie am Prüfungstag vor.

Es ist in einigen Fällen möglich (und wird in manchen Bundesländern gefordert), auf die Vorbereitungs-zeit zu verzichten. Ansonsten gilt aber, dass während der Qualifikationsphase die Prüfungsinhalte häufig bereits so komplex sind, dass eine vorstrukturierte Präsentation sinnvoll ist.

Wenn die Schüler/innen ihr Wissen reorganisieren und aufgabenbezogen anwenden sollen, benötigen sie eine Einarbeitungsphase, in der sie in einem gewissen Umfang Inhalte reflektieren und ordnen können. Gerade im dialogischen Prüfungsteil müssen sie trotzdem flexibel und spontan reagieren können, weil der Gesprächsverlauf nicht vorhersehbar ist.

Die während der Vorbereitungszeit erstellten **Notizen** dürfen sie während der Prüfung benutzen, sofern sie nicht zum Ablesen ganzer Sätze übergehen – denn auch im realen Leben hält ein Experte einen Vortrag meist auf der Basis von Stichworten. Soll die Vorbereitungszeit unmittelbar vor der Prüfung stattfinden, muss eine **Aufsicht** den Vorbereitungsraum betreuen.

3. Wie wird die Prüfung geplant und vorbereitet?

Bei der Planung und Vorbereitung der Prüfung tritt das Schlagwort **Transparenz** ins Blickfeld. Falls die Prüfung nicht fester Bestandteil des schulischen Geschehens ist, sollte sie frühzeitig in der Fachkonfe-renz besprochen werden. Es gilt, Absprachen mit den Fachkonferenzen anderer moderner Fremd-sprachen zu treffen und das Votum der Schulleitung einzuholen.

Der **Prüfungstermin** muss rechtzeitig festgelegt werden. Es wird kaum möglich sein, die mündliche Prüfung während des Kursunterrichts stattfinden zu lassen, daher müssen bei der Terminabsprache vielfältige schulische Belange berücksichtigt werden. Eine mündliche Prüfung hat den gleichen Stellen-wert wie eine schriftliche Klausur, daher darf die Höchstzahl der Klausuren pro Woche auch hier nicht überschritten werden. Da die Korrekturzeit entfällt, kann die mündliche Prüfung auch kurz vor dem Halbjahresende terminiert werden. Es gibt verschiedene Möglichkeiten, den Unterrichtsausfall in anderen Fächern zu minimieren: Zum Beispiel ist es möglich, dass die Prüfung parallel zum Fach-unterricht stattfindet. Einzelne Schüler/innen verlassen zum festgelegten Zeitpunkt ihren Fachunterricht, legen ihre Prüfung ab und kehren nach einer kurzen Pause in ihren Unterricht zurück.

Ein **Informationsbrief** (→ CD-ROM) an Eltern und Schüler/innen kann viele Fragen klären und hilft, Unsicherheiten zu beseitigen. Erläuterungen zum Sinn und Zweck der mündlichen Kommunikations-prüfung bewirken Zustimmung aller Beteiligten. An dieser Stelle kann man auch bereits auf die Regelungen bei Versäumnis hinweisen.

Die höchste Wichtigkeit hat die **Transparenz** für die Schüler/innen. Sie wissen, welche Leistungen von ihnen gefordert werden und wie sie bewertet werden. Sie kennen den Ablauf der Prüfung genau, so dass am Prüfungstag jeder weiß, was man von ihm erwartet und lange Erklärungen überflüssig werden. Nach der Bekanntgabe des Prüfungstermins beginnt zeitnah die **Vorbereitung im Unterricht**. Dabei liegt der Schwerpunkt auf der Erarbeitung von Sachinhalten, die sich nach den Vorgaben der jeweiligen Bundesländer richten. Diese unterrichtliche Arbeit wird begleitet durch Methoden zur Erweiterung der Sprechfähigkeit. Möglichst viele Schüler/innen werden gleichzeitig leise sprechen. Die Übungsphasen innerhalb und außerhalb der Unterrichtszeit sind kürzer, und daher zahlreicher und intensiver angelegt als bei der schriftlichen Prüfungsvorbereitung. Die Schüler/innen trainieren einzeln, zu zweit und in Gruppen. Bei der Arbeit in Gruppen bietet sich folgende Vorgehensweise an: Die Zuhörer bekommen die Aufgabe, einen **Kurzvortrag** arbeitsteilig mit einem Bewertungsraster zu bepunkten und ein kurzes Feedback zu geben. Schwierig bleibt die Beobachtung der Sprachrichtigkeit, die selbst leistungsstarken Lernern häufig schwer fällt. Diese Aufgabe muss letztendlich die Lehrperson übernehmen.

Für die Vorbereitung des dialogischen Teils üben die Schüler/innen mit wechselnden Gesprächspartnern **Diskussionen** und **Rollenspiele**. Auch hier ist es günstig mit den Bewertungsbögen zu arbeiten. Neben den inhaltlichen und sprachlichen Fertigkeiten üben die Schüler/innen, Schwierigkeiten während des Gesprächs zu meistern ohne die Zielsprache zu verlassen. Sie fragen nach fehlenden Vokabeln, fordern zur Wiederholung auf oder benutzen, wenn sie stocken, ein typisch spanisches Füllwort. Die vorgefertigten **Redemittellisten** (→ CD-ROM) werden während der Übungsphasen individuell oder im Plenum ergänzt und erweitert.

Zur intensiven Vorbereitung Ihrer Schüler auf die mündliche Prüfung in der Oberstufe empfehlen wir die **Monolog- und Dialogkarten *¡A hablar! Sprechkompetenz fördern*** (ISBN 978-3-06-023392-2).

Zur **vorbereitenden Organisation** gehört es auch, geeignete Räume zu reservieren und die Aufsichten abzuklären. Nicht immer besteht die Möglichkeit, einen **Zweitprüfer** einzusetzen. Ein Zweitprüfer ist eine wichtige Hilfe bei der Bewertung und bedeutet eine große Entlastung insbesondere bei langen Prüfungstagen. Für den Einsatz eines Zweitprüfers spricht daneben, dass die Klausurnoten der Qualifikationsphasen mit einem hohen Anteil in die Halbjahresnoten einfließen, die ihrerseits für die Abiturnote zählen. Eine Benotung, die von zwei Fachkräften durchgeführt wird, ist verlässlicher.

Wenige Tage vor der Prüfung werden die **Prüfungspaare oder -gruppen** eingeteilt. Es gibt verschiedene Möglichkeiten, die Schüler/innen zusammenzusetzen. Die Lehrkraft oder der Kurs kann eine Zulosung der Prüfungsgruppen durchführen, die Lehrkraft kann die Zusammensetzung bestimmen oder diese Aufgabe den Schüler/innen auftragen.

Der **Prüfungsplan** wird an einer zentralen Stelle (Mitteilungswand) ausgehängt, die **Prüfungen** und die **Bewertungsbögen** werden kopiert und erstere evtl. laminiert. Bei der Erstellung der Prüfungspläne ist es sinnvoll, einen zeitlichen Puffer einzubauen, denn der Prüfungsplan ist nicht flexibel. Nach jeder Prüfung muss die Bewertung unverzüglich stattfinden und nach Möglichkeit sollte ein kurzer Austausch mit einer weiteren Lehrkraft eingeplant werden. Eine **Pause** für die Prüfer ist notwendig, denn die Prüfungen erfordern hohe Konzentration.

Am Prüfungstag werden Notizpapier und ggf. Wörterbücher für den **Vorbereitungsraum** bereitgestellt. Die Prüflinge werden das **Wörterbuch** nutzen, um passende Termini zu suchen und ihre Gedanken präzise auszudrücken. Dieses Verfahren würde jeder Fremdsprachenlerner für eine reale Gesprächsvorbereitung nutzen. In der Gesprächssituation müssen die Prüflinge sich gegenseitig solche Begriffe erklären, um das Verständnis zu sichern.

Der **Prüfungsraum** wird vorbereitet, d.h. Tische und Stühle werden für die Prüfung angeordnet. Sofern es sich nicht um eine Einzelprüfung handelt, sollten sich die Prüflinge gegenübersitzen und die Lehrkraft außerhalb der Gruppe. Damit soll erreicht werden, dass die Prüflinge ihre Redebeiträge primär an ihre Mitschüler richten.

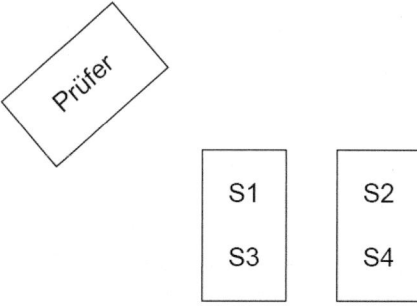

Checkliste mündliche Prüfung

SCHULJAHRESANFANG

- Entscheidung für die mündliche Prüfung
- Absprache in der Fachkonferenz
- Terminplanung (Berücksichtigung von Studienfahrten, Praktika etc.)
- Ankündigung bei Schülern, Eltern und Schulleitung (Elternbrief → CD-ROM)

1–2 MONATE VOR DER PRÜFUNG

- Einstieg in das Thema
- Erarbeitung inhaltlicher und sprachlicher Grundlagen
- Üben spezifischer Redemittel

Schüler informieren:
- Wie läuft die Prüfung ab?
- Schüler mit dem Bewertungsraster vertraut machen
- Checkliste für Schüler/innen austeilen (→ CD-ROM)
- Redemittellisten austeilen (→ CD-ROM)

3–4 WOCHEN VOR DER PRÜFUNG

- Prüfungstermine bekannt geben
- Zeitpläne erstellen (Pausen einplanen)
- Organisation der Raumbelegung für Prüfung, Vorbereitung und Nachpräsenz
- Aufsicht und Zweitprüfer organisieren

2–3 WOCHEN VOR DER PRÜFUNG

- Tandem-/Gruppenbildung, Bekanntgabe der Themenbereiche

1 WOCHE VOR DER PRÜFUNG

- Prüfungen kopieren und laminieren (→ CD-ROM: farbig!)
- Prüfungsprotokolle/Bewertungsbögen vorbereiten
- Zeitplan aushängen

AM TAG VOR DER PRÜFUNG

- Vorbereitungsraum und Prüfungsraum vorbereiten (Wörterbücher, Konstellation der Sitz- oder Stehplätze)
- große Uhr für die Schüler/innen im Prüfungsraum bereitstellen

4. Wie führe ich eine mündliche Prüfung durch?

Für den **Ablauf der Prüfung** hat sich insbesondere bei großen Kursen das folgende Vorgehen als günstig erwiesen: Zu Beginn des Prüfungstages erhält das erste Paar oder die erste Gruppe ihre Aufgaben im Vorbereitungsraum. Nach einer festgelegten Zeit werden sie abgeholt und müssen vor der Türe warten, während die folgende Gruppe ihre Prüfungsunterlagen erhält. Im Prüfungsraum wird die Prüfung in der vorgegebenen Zeit durchgeführt, danach werden die Schüler/innen entlassen. Einige Minuten für die Bewertung der Prüfungen müssen eingeplant werden. Kurz darauf wird die folgende Gruppe abgeholt und die nächste Gruppe erhält die Aufgaben.

Beispiel für einen Prüfungsplan (Spanisch in der Qualifikationsphase):

Vorbereitung	Prüfung	Gruppen
8:00	8:30	Konstantin W., Devrim G., Charlotte B.
8:30	9:00	Stefanie A., Teresa B., Tom S.
9:00	9:30	Melanie M., Tanja H., Susanne K.
9:30	10:00	Nina K., Pavel H., Magdalena F.
10:00	10:40	Sandra F., Esra Y., Jaqueline S., Mesut C.

Häufig werden Bedenken geäußert, dass Schüler/innen mit einem der späteren Prüfungstermine sich Vorteile verschaffen könnten, da sie von anderen Prüflingen Informationen über die Aufgaben erhalten könnten. Diesen Schwierigkeiten kann man durch verschiedene Maßnahmen begegnen. Zunächst sollten die Prüfungsaufgaben den Prüfungsraum nicht verlassen, die Prüflinge geben ihre Unterlagen und ihre Notizen am Ende der Prüfung ab. Es ist auch möglich, eine „Nachbereitung" zu organisieren, das bedeutet, dass die Schüler/innen, die ihre Prüfungen abgelegt haben, sich während der übrigen Prüfungen in einem Raum aufhalten müssen, so dass sie keinen Kontakt zu späteren Prüflingen herstellen können. Die Prüfungen in diesem Heft sind so angelegt, dass die Lehrkraft durch unterschiedliche Kombination der jeweils vier Aufgaben (→ CD-ROM) verschiedene Möglichkeiten hat, so dass die Schüler/innen nicht mit Sicherheit vorhersagen können, welche Konstellation sie erwartet.

In der Praxis hat sich gezeigt, dass die Prüflinge wenig Nutzen daraus ziehen konnten, wenn sie Kontakt mit Schüler/innen hatten, die bereits geprüft waren. Innerhalb weniger Stunden lässt sich nichts aufarbeiten, was vorher nicht eingeübt wurde. Die Unwägbarkeit des Gesprächsverlaufs lässt den Schüler/innen normalerweise nicht die Option, kurzfristig angeeignetes Wissen anbringen zu können.

Besonders in Einzelprüfungen kann es sinnvoll sein, die Prüfung mit einer ca. einminütigen Aufwärmphase zu beginnen, die nicht in die Bewertung mit einfließt. Den Schülern wird eine einfache Frage z. B. zu einem Hobby gestellt, die sie beantworten. Diese kurze Äußerung zu einem einfachen und vertrauten Thema hilft ihnen, sich an die Prüfungssituation zu gewöhnen und Nervosität abzubauen (Aufwärmimpulse → CD-ROM).

5. Wie bewerte ich eine mündliche Prüfung?

Mündliche Texte sind flüchtig – die Bewertung mündlicher Leistungen erfolgt fast zwingend sofort im Anschluss an die Prüfung, solange die vorgestellte Leistung noch im Gedächtnis des Prüfers ist. Unter Zuhilfenahme geeigneter **Bewertungsbögen** machen die Prüfer bereits während der Prüfung Notizen und gleichen ihre Ergebnisse nach der Prüfung ab. Da das Bewertungsverfahren nur wenige Minuten in Anspruch nehmen darf, muss der Bewertungsbogen einprägsam und handlich sein.

Fast überall haben sich unterschiedliche **kriterielle Bewertungsraster** (→ CD-ROM und S. 13–15) durchgesetzt, bei denen die erreichte Punktzahl durch Ankreuzen markiert wird. Die beiden Prüfungsteile werden separat beurteilt, da unterschiedliche Kompetenzen zum Ausdruck kommen. Die Bewertung erstreckt sich über folgende Bereiche:

- Inhalt / Aufgabenerfüllung
- Strategie / Interaktion
- Sprache (Sprachrichtigkeit / Ausdrucksvermögen)
- Aussprache / Intonation

Die Beschreibungen der Kompetenzen orientieren sich an den Niveaustufen des Gemeinsamen europäischen Referenzrahmens für Sprachen. Für die Spanischlerner der Qualifikationsphase werden in diesem Heft die Niveaus A2 bis B1 (neu einsetzende Kurse) und B1 bis tw. B2 (fortgeführte Kurse) angesetzt, in der Annahme, dass diese Prüfungen zeitlich deutlich vor der Abiturprüfung stattfinden.

Im Bereich **Inhalt / Aufgabenerfüllung** zählen das eingebrachte Sachwissen sowie die aufgabenbezogene Anwendung des Sachwissens. Unter **Strategie / Interaktion** fallen die Flüssigkeit und der Aufbau des Vortrags, der Bezug zu den Zuhörern und das Beantworten spontaner Fragen und andererseits das Aufrechterhalten der Kommunikation und das flexible Reagieren auf die Gesprächspartner. Zum Bereich **Sprache** zählt zum einen die **Sprachrichtigkeit**, d.h. die korrekte Verwendung grammatischer Strukturen und des treffenden, differenzierten Wortschatzes. Zum anderen zählt dazu das **Ausdrucksvermögen**, d.h. das Beherrschen eines angemessenen Spektrums an Wortschatz, um z.B. Wiederholungen zu vermeiden. **Aussprache und Intonation** sind für die gelungene fremdsprachliche Kommunikation außerordentlich wichtig, daher erhalten sie einen eigenen Beurteilungsbereich.

Bei der **Bewertung mündlicher Leistungen** gilt, dass sprachliche Fehler danach beurteilt werden, ob sie die Kommunikation behindern. Lexikfehler sind unter dieser Sichtweise gewichtiger als grammatische Fehler. Es zählt der kommunikative Erfolg. Die Gewichtung der einzelnen Kategorien ist abhängig von der Aufgabenform, dem jeweiligen unterrichtlichen Schwerpunkt und ggf. den Bestimmungen des jeweiligen Bundeslandes.

Alle Prüfungen dieses Heftes sind mit einem inhaltsbezogenen **Erwartungshorizont** in Stichworten versehen (→ CD-ROM).

6. Literatur

Gemeinsamer europäischer Referenzrahmen für Sprachen: lernen, lehren, beurteilen.
Hg. v. Goethe-Institut Inter Nationes et al., Langenscheidt, Berlin 2001

Let's talk! Parlos-en! ¡Hablemos! – Eine Handreichung für mündliche Prüfungen in den Klassen 5–12, Cornelsen Verlag, Berlin 2011

Sommerfeldt, Kathrin (Hg): *Spanisch Methodik – Handbuch für die Sekundarstufe I und II,* Cornelsen Scriptor, Berlin 2011

Sprachen leben. Kompetenzorientierte Aufgaben in den modernen Fremdsprachen, Band 1. Hg. vom Staatsinstitut für Schulqualität und Bildungsforschung, München, Cornelsen Verlag, Berlin 2011

Time to talk! Eine Handreichung zur Mündlichkeit im Unterricht der modernen Fremdsprachen. Hg. vom Staatsinstitut für Schulqualität und Bildungsforschung München, Cornelsen Verlag, Berlin 2005

Bewertung mündlicher Sprachproduktion B1/B1+

Schule:	Klasse/Lerngruppe:	
Prüfer/in:	Schuljahr:	Logo
(1./2./3./4.) Klausur aus (Fremdsprache) **(Partner-/Gruppenprüfung)** (Teile 1, 2, 3: Gesprächsformen und Inhalte)		
Datum:	Name:	

Erreichte BE	
Note	

Aussprache/Intonation (5x1 = 5 BE)	0	1	2	3	4	5	BE

Sprachliche Mittel/Sprachrichtigkeit (Grammatik/Lexik) (5x4 = 20 BE)	0	1	2	3	4	5	BE

Strategie/Interaktion (5x3 = 15 BE)	0	1	2	3	4	5	BE

Aufgabenerfüllung/Inhalt (5x4 = 20 BE)	0	1	2	3	4	5	BE

BE	60-52	51-44	43-37	36-30	29-20	19-0
Note	1	2	3	4	5	6

© ALP/Multiplikatoren, ISB, Mayrhofer (Landeskoordinatorin moderne FS)

Nordrhein-Westfalen

Bewertungsraster für Mündliche Kommunikationsprüfungen – Sekundarstufe II

Name: _____

Prüfungsteil 1: Zusammenhängendes Sprechen

Sprachliche Leistung / Darstellungsleistung

Die Bewertung erfolgt orientiert an den in den Lehrplänen ausgewiesenen Referenzniveaus des Gemeinsamen europäischen Referenzrahmens (GeR).

	Kommunikative Strategie / Präsentationskompetenz	Ausdrucksvermögen	Sprachliche Korrektheit / Verfügbarkeit sprachlicher Mittel	Aussprache/ Intonation
0	☐	☐	☐	☐
1	☐ sehr unselbständig **unstrukturiert;** stockend und **unsicher;**	☐ sehr einfacher und lückenhafter **Wortschatz;** häufige Wiederholungen	☐ **Grundlegende Mittel** nur begrenzt erfolgreich; viele **Wortschatz-& Strukturfehler**	☐ **Mangel an Deutlichkeit** und Klarheit; **Aussprachefehler** beeinträchtigen Verständnis
2	☐ **wenig zielgerichtet;** z. T. **verkürzend** und/oder **weitschweifend;** grundlegende Struktur erkennbar	☐ einfacher, aber **angemessener Wortschatz**	☐ überwiegend **einfache Strukturen,** gelegentliche Missverständnisse	☐ im Allgemeinen **klare und korrekte** Aussprache und Intonation
3	☐ in der Regel **sicher** und **situationsangemessen;** vorwiegend kohärent und **strukturiert;** begründete Stellungnahmen	☐ **treffende** Formulierungen; z.T. idiomatische Wendungen Überwindung von Schwierigkeiten durch Umschreibungen	☐ Grundstrukturen sind weitgehend **frei von Verstößen; Selbstkontrolle** vorhanden	☐ **klare, korrekte** Aussprache und Intonation. Betonung / Intonation wird **kommunikativ geschickt** eingesetzt
4	☐ **effizient und durchgängig gut strukturiert; stringente** Darstellung; weitgehend freier Vortrag	☐ **differenziert und variabel;** Ausdrucksvermögen ist **präzise** und **flüssig**	☐ **breites und differenziertes** Repertoire sprachlicher Mittel Strukturen sind nahezu fehlerfrei; **Selbstkontrolle** vorhanden	

Prüfungsteil 1: Zusammenhängendes Sprechen

Inhaltliche Leistung / Aufgabenerfüllung

		Begründung / Stichworte
0	☐ keine bewertbaren Äußerungen	
1	☐	
2	☐ Die Ausführungen zeigen, dass die Aufgabenstellung / die Vorlagen **nicht verstanden** wurden. Auch durch zusätzliche Impulse werden nur **lückenhafte** Beiträge geliefert.	
3	☐	
4	☐ Nur **wenige** der geforderten **Aspekte** bezüglich der Aufgaben werden erkannt und richtig angegeben. Die Ausführungen beziehen sich nur **eingeschränkt** auf die Aufgaben und sind manchmal unklar.	
5	☐	
6	☐ Die Ausführungen sind hinsichtlich Plausibilität und Argumentation **nachvollziehbar.** Die entwickelten Ideen beziehen sich auf die Aufgaben/ Dokumente und beruhen auf einem angemessenen Maß an **Sachwissen.**	
7	☐	
8	☐ Es werden durchgängig **sachgerechte** und **aufgabengemäße** Gedanken geliefert.	
9	☐	
10	☐ Die Aufgaben werden **ausführlich** und **präzise** erfüllt, wobei tiefer gehende **differenzierte** Kenntnisse deutlich werden.	
	Die Punkte 1, 3, 5, 7 und 9 werden nicht durch Deskriptoren definiert. Sie werden verwendet, wenn die Leistung nicht eindeutig einer Punktzahl mit Deskriptor zuzuordnen ist.	

Punktzahl Prüfungsteil 1: Inhalt ____ / 10 Pkt. + Darstellungsleistung ____ / 15 Pkt. = ____ / 25 Pkt.

14

Prüfungsteil 2: An Gesprächen teilnehmen

Name: _____

Inhaltliche Leistung / Aufgabenerfüllung

Begründung / Stichworte

	Inhaltliche Leistung / Aufgabenerfüllung
0	☐ keine bewertbaren Äußerungen
1	☐
2	☐ Die Ausführungen zeigen, dass die Aufgabenstellung / die Vorlagen **nicht verstanden** wurden. Auch durch zusätzliche Impulse werden nur **lückenhafte** Beiträge geliefert.
3	☐
4	☐ Nur **wenige** der geforderten **Aspekte** bezüglich der Aufgaben werden erkannt und richtig angegeben. Die Ausführungen beziehen sich nur **eingeschränkt** auf die Aufgaben und sind manchmal unklar.
5	☐
6	☐ Die Ausführungen sind hinsichtlich Plausibilität und Argumentation **nachvollziehbar.** Die entwickelten Ideen beziehen sich auf die Aufgaben/ Dokumente und beruhen auf einem angemessenen Maß an **Sachwissen.**
7	☐
8	☐ Es werden **durchgängig sachgerechte** und aufgabengemäße Gedanken geliefert.
9	☐
10	☐ Die Aufgaben werden **ausführlich** und **präzise** erfüllt, wobei tiefer gehende **differenzierte** Kenntnisse deutlich werden.

Die Punkte 1, 3, 5, 7 und 9 werden nicht durch Deskriptoren definiert. Sie werden verwendet, wenn die Leistung nicht eindeutig einer Punktzahl mit Deskriptor zuzuordnen ist.

Sprachliche Leistung / Darstellungsleistung

	Kommunikative Strategie / Diskurskompetenz	Ausdrucksvermögen	Sprachliche Korrektheit / Verfügbarkeit sprachlicher Mittel	Aussprache/ Intonation
0	☐	☐	☐	☐
1	☐ **stockende und unsichere** Kommunikation; Gespräch kann **nicht ohne Hilfen** fortgeführt werden; geringer Partnerbezug	☐ sehr einfacher und lückenhafter **Wortschatz**	☐ **Grundlegende Mittel** nur begrenzt erfolgreich; viele **Wortschatz-& Strukturfehler**	☐ **Mangel an Deutlichkeit** und Klarheit; **Aussprachefehler** beeinträchtigen Verständnis
2	☐ **gelegentlich** stockende und unsichere Kommunikation; **Hilfe** wird u.U. benötigt; **weitgehend angemessener** Partnerbezug	☐ einfacher, aber **angemessener Wortschatz**	☐ überwiegend **einfache Strukturen;** gelegentliche Missverständnisse	☐ im Allgemeinen **klare und korrekte** Aussprache und Intonation
3	☐ weitgehend flexible Interaktion; in der Regel **sicher** und **situationsangemessen** und **adressatengerecht**	☐ **treffende** Formulierungen; z.T. idiomatische Wendungen Überwindung von Schwierigkeiten durch Umschreibungen	☐ Grundstrukturen sind weitgehend **frei von Verstößen; Selbstkontrolle** vorhanden	☐ **klare, korrekte** Aussprache und Intonation. Betonung / Intonation wird **kommunikativ geschickt eingesetzt**
4	☐ **flexible, situationsangemessene und adressatengerechte** Interaktion; durchgängiges Aufrechterhalten der Kommunikation	☐ **differenziert und variabel;** Ausdrucksvermögen ist **präzise** und flüssig	☐ breites und differenziertes Repertoire sprachlicher Mittel Strukturen sind nahezu fehlerfrei; **Selbstkontrolle** vorhanden	

Punktzahl Prüfungsteil 2: Inhalt _____ / 10 Pkt. + Darstellungsleistung _____ / 15 Pkt. = _____ / 25 Pkt.

Gesamtpunktzahl: _____ / 50 Pkt.

Note:

Datum/Unterschrift:

Notenpunkte	15	14	13	12	11	10	9	8	7	6	5	4	3	2	1	0
Punkte	50 - 48	47 - 45	44 - 43	42 - 40	39 - 38	37 - 35	34 - 33	32 - 31	30 - 29	28 - 27	26 - 25	24 - 20	19 - 15	14 - 10	9 - 6	5 - 0

Hinweis: Eine Prüfungsleistung, die in einem der beiden Beurteilungsbereiche *inhaltliche Leistung* und *Darstellungsleistung/sprachliche Leistung* eine ungenügende Leistung darstellt, kann insgesamt nicht mit mehr als drei Notenpunkten bewertet werden. Eine ungenügende Leistung im inhaltlichen Bereich liegt vor, wenn in beiden Prüfungsteilen weniger als 4 Punkte erreicht werden. Eine ungenügende Leistung im Darstellungs- und sprachlichen Bereich liegt vor, wenn in beiden Prüfungsteilen weniger als 6 Punkte erreicht werden.

1. Jóvenes y su mundo
Conflictos

Partner- oder Gruppenprüfung	Jahrgangsstufen 11/12	Spanisch neu einsetzend

Aufgabenform	Zu Beginn einer fiktiven Redaktionssitzung präsentiert jeder Prüfling eine Anfrage eines Jugendlichen, der sein Problem schildert und um Rat fragt. Hierzu fasst der Prüfling die Informationen über das Problem des Absenders zusammen. Im Anschluss wird gemeinsam über mögliche Ratschläge diskutiert und eine Liste geeigneter Vorschläge ausgehandelt.
Nachzuweisende Kompetenzen A2/B1 GeR	Der Schüler / Die Schülerin ... – kann kurze Texte in sinnvoller Weise zusammenfassen, dazu Stellung nehmen und Informationsfragen dazu beantworten. – kann relativ flüssig eine unkomplizierte, aber zusammenhängende Beschreibung zu bestimmten Themen geben, wobei einzelne Punkte linear aneinander gereiht werden. – kann diskutieren, was man als Nächstes tun soll, kann Vorschläge machen und auf Vorschläge reagieren. – kann relevante Informationen austauschen und, wenn direkt danach gefragt wird, die eigene Meinung zu einer praktischen Frage äußern.
Geprüftes Sachwissen	– *Jóvenes en España y Europa* – Freizeitgestaltung, Vorlieben und Abneigungen – Selbstwahrnehmung und Fremdwahrnehmung – Soziale Beziehungen und die Bedeutung von Freundschaft – *La convivencia de las generaciones* – Schule, Ausbildung und Beruf
Vorbereitung im vorausgehenden Unterricht	– Ausschnitte aus Zeitschriften und Internetforen lesen und produktionsorientiert erarbeiten – Inszenierte Beratungsgespräche durchführen (Schwerpunkt: kommunikativ sinnvolle Verwendung des *subjuntivo*) – Literarische Kurztexte oder Fragmente lesen und kommentieren
Vorgehensweise	Die Vorbereitungszeit richtet sich nach dem Lernstand und den Fähigkeiten der Lerngruppe. Es empfiehlt sich, den Prüflingen eine Vorlage für Kurznotizen an die Hand zu geben. Mit dieser Unterstützung wird es ihnen leichter fallen, auf alle angesprochenen „Beratungsfälle" gleichmäßig einzugehen. Der Prüfling füllt bereits im Vorfeld ein Feld für seinen Fall aus und macht sich während der Prüfung Notizen zu den anderen Beispielen. Ein *Sistema de apoyo* befindet sich auf der CD-ROM.
CD-ROM	Editierbare Word-Dateien auf der CD-ROM: – Partnerprüfung – Gruppenprüfung (auch als alternative Partnerprüfung einsetzbar) – *Para tomar apuntes* (Vorlage für die Prüflinge zum Mitschreiben) – Erwartungshorizont – Bewertungsraster und -kriterien – Aufwärmimpulse – Redemittellisten zur Prüfungsvorbereitung – Checklisten

Estás haciendo unas prácticas en la sección "Consejos para ti" de un foro de Internet para jóvenes. Tú y los otros jóvenes en prácticas tenéis que contestar e-mails de jóvenes que os cuentan sus problemas y os piden ayuda. Ahora tienes una reunión con un/-a compañero/-a en la que discutís qué consejos podéis dar a cada uno de los jóvenes.

Actividades:

1   Cuéntale a tu compañero/-a el problema de Marisol.

2   Escucha a tu compañero/-a y toma apuntes.

3   Discutid juntos qué consejos podéis dar a cada uno de los jóvenes.

Mi padre me deja muy mal delante de mi novio

Tengo 17 años. Llevo casi un año con mi novio y él está casi todos los días en mi casa. Mis padres y sus padres se conocen.

Pues lo que pasa es que mis padres siempre me dan muy poco dinero y mi padre siempre se queja de que pido[1] demasiado.

Y ahora mi padre está todo el tiempo criticándome delante de mi novio.

Por ejemplo, le dice que va a pasar mucha hambre conmigo y que no sé cocinar, o que no voy a limpiar[2] la casa si un día nos vamos a vivir juntos. A ver, ¡yo hago mi cuarto siempre! No hago la casa porque mi madre no trabaja y la puede hacer ella, que es joven y tiene sólo 38 años.

¿Qué puedo hacer o decirle a mi padre cuando me critica delante de mi novio?

Marisol, 17 años

---

1 **pedir** *hier:* fordern   2 **limpiar** putzen

Jóvenes y su mundo Conflictos	Alumno B Partnerprüfung

Estás haciendo unas prácticas en la sección "Consejos para ti" de un foro de Internet para jóvenes. Tú y los otros jóvenes en prácticas tenéis que contestar e-mails de jóvenes que os cuentan sus problemas y os piden ayuda. Ahora tienes una reunión con un/-a compañero/-a en la que discutís qué consejos podéis dar a cada uno de los jóvenes.

Actividades:

1   Cuéntale a tu compañero/-a el problema de Ramón.

2   Escucha a tu compañero/-a y toma apuntes.

3   Discutid juntos qué consejos podéis dar a cada uno de los jóvenes.

¿Compañeros que ven dibujos animados[1] ...?

Hay una cosa que observo en algunos de mis amigos: ven muchos dibujos animados. Lo de Los Simpson lo entiendo porque son más bien para adultos. Pero los demás dibujos animados ... ¿Es normal? Yo no los veo. Hace ya muchos años que no veo ninguno. Bueno, un capítulo de Los Simpson alguna vez ...
¿Pero ver dibujos animados habitualmente[2] no es síntoma de inmadurez[3]? ¿Es el síndrome de Peter Pan[4]? Lo pueden tener hombres y mujeres ... No sé, pero me parece raro. Ver dibujos animados un día lo entiendo porque a veces queremos ser niños otra vez ... ¿¿Pero habitualmente?? ¿Hasta el punto de descargarse[5] dibujos animados de Internet? No sé ... A veces me siento muy solo y estoy pensando en buscarme otros amigos.

Ramón, 19 años

---

1 **dibujos animados** Zeichentrickfilm   2 **habitualmente** regelmäßig   3 **síntoma de inmadurez** Zeichen für Unreife
4 **el síndrome de Peter Pan** das Peter-Pan-Syndrom (die Märchengestalt Peter Pan möchte nie erwachsen werden)
5 **descargar** herunterladen

1. Jóvenes y su mundo

Ser joven en un mundo globalizado

Partner- oder Gruppenprüfung	Jahrgangsstufen 11/12	Spanisch fortgeführt

Aufgabenform	Im ersten Prüfungsteil präsentiert jeder Prüfling eine Karikatur und seine Interpretation der dargestellten Person. Im zweiten Teil nehmen die Prüflinge eine vorgegebene Rolle ein. Sie diskutieren aus ihrer Rolle heraus über den Auswanderungswunsch eines Freundes.
Nachzuweisende Kompetenzen B1 GeR	Der Schüler/Die Schülerin … – kann erklären, warum etwas ein Problem ist. – kann Sachverhalte beschreiben und erläutern, dazu Stellung nehmen und Informationsfragen dazu beantworten. – kann relativ flüssig eine unkomplizierte, aber zusammenhängende Beschreibung zu bestimmten Themen geben, wobei einzelne Punkte linear aneinander gereiht werden. – kann in Diskussionen kurz zu den Standpunkten anderer Stellung beziehen.
Geprüftes Sachwissen	– *Jóvenes en España y Europa* – Schule, Ausbildung und Beruf – Spanische Jugendliche und ihr Platz in der Gesellschaft – Zukunftsperspektiven und Arbeitslosigkeit – *Generación prácticas* und Emigration von jungen Akademikern – Formen des Protests – die Aktionen der *Indignados*
Vorbereitung im vorausgehenden Unterricht	– Statistiken beschreiben und auswerten – Ausschnitte aus Zeitschriften und Internetforen lesen und produktions-orientiert erarbeiten – über Kurzzitate Jugendlicher diskutieren und Stellung beziehen – Kugellager: *¿Te irías a otro país para estudiar o hacer una formación profesional?*
Vorgehensweise	Die Vorbereitungszeit richtet sich nach dem Lernstand und den Fähigkeiten der Lerngruppe. Die Redezeiten der Prüflinge richten sich nach den curricularen Vorgaben der Bundesländer. Falls diese in Ihrem Bundesland nicht spezifiziert sind, empfehlen wir für den monologischen Teil 4 Minuten Redezeit je Prüfling. Für die anschließende Diskussion sind 10 Minuten angesetzt.
CD-ROM	Editierbare Word-Dateien auf der CD-ROM: – Partnerprüfung – Gruppenprüfung (auch als alternative Partnerprüfung einsetzbar) – Erwartungshorizont – Bewertungsraster und -kriterien – Aufwärmimpulse – Redemittellisten zur Prüfungsvorbereitung – Checklisten

Actividades:

1 Describe el personaje de Milena y la impresión que te da el dibujo. Explica la problemática a la que se refiere y las consecuencias posibles o probables para los jóvenes.

© Emma Reverter y Màriam Ben-Arab

cobrar verdienen   **la (empresa) multinacional** die multinationale Firma

2 Vuestro amigo español David acaba de hacer el bachillerato. Ahora quiere venir a Alemania para hacer una formación profesional y buscar un empleo. Os pregunta vuestra opinión. Discute con tu compañero/-a y defiende tu posición.

TU OPINIÓN

Tú estás a favor de que David emigre a Alemania. Para ti, lo más importante es encontrar un trabajo bien pagado.

Actividades:

1 Describe el personaje de Olvido y la impresión que te da el dibujo. Explica la problemática a la que se refiere y las consecuencias posibles o probables para los jóvenes.

Olvido

ES ARQUITECTO.
TENÍA NOVIO, FAMILIA Y AMIGOS.
ENCONTRÓ UN TRABAJO MUY BIEN
PAGADO. EN CHICAGO. ESPERA PODER
REGRESAR ALGÚN DÍA.

© Emma Reverter y Màriam Ben-Arab

2 Vuestro amigo español David acaba de hacer el bachillerato. Ahora quiere venir a Alemania para hacer una formación profesional y buscar un empleo. Os pregunta vuestra opinión. Discute con tu compañero/-a y defiende tu posición.

TU OPINIÓN

Tú estás en contra de que David emigre a Alemania. Para ti, lo más importante es estar con la familia y los amigos.

2. España ayer y hoy
Bilingüismo en Cataluña

Partner- oder Gruppenprüfung	Jahrgangsstufen 11/12	Spanisch neu einsetzend

Aufgabenform	Jeder Prüfling präsentiert ein ihm zugeteiltes Gesetz und erläutert die Folgen für das Alltagsleben in Cataluña. Im anschließenden Gespräch nehmen die Prüflinge eine vorgegebene Position ein und diskutieren über politische Maßnahmen zur Stärkung des *catalán*.
Nachzuweisende Kompetenzen nach *A2/B2 GeR*	Der Schüler / Die Schülerin ... – kann eine vorbereitete, unkomplizierte Präsentation zu einem vertrauten Thema so klar vortragen, dass man ihr/ihm meist mühelos folgen kann, wobei die Hauptpunkte hinreichend präzise erläutert werden. – kann erklären, warum etwas ein Problem ist, kann diskutieren, was man als Nächstes tun sollte und kann Alternativen vergleichen und einander gegenüberstellen.
Geprüftes Sachwissen	– *Las lenguas regionales de España* – *La constitución española y las lenguas españolas* – *La normalización lingüística* – *El uso del catalán en público* – *El sistema educativo y la inmersión*
Vorbereitung im vorausgehenden Unterricht	– Thematischen Wortschatz erweitern und festigen – Gesetze zusammenfassen und kommentieren – Reziprokes Lehren und Lernen: Sachtexte lesen und mündlich zusammenfassen – Blogeinträge lesen und auswerten – Karikaturen interpretieren – Diskussion: *El uso de las lenguas regionales en el Senado español*
Vorgehensweise	Eine Vorbereitungszeit für diese Prüfung ist empfehlenswert, da sie den Schülerinnen und Schülern die Gelegenheit gibt, sowohl ihren Vortrag zu planen und zu strukturieren als auch Argumente zu überlegen. Die Redezeiten der Prüflinge richten sich nach den curricularen Vorgaben der Bundesländer. Falls diese in Ihrem Bundesland nicht spezifiziert sind, empfehlen wir für den monologischen Teil 3 Minuten Redezeit je Prüfling. Für die anschließende Diskussion sind 10 Minuten angesetzt.
CD-ROM	Editierbare Word-Dateien auf der CD-ROM: – Partnerprüfung – Gruppenprüfung (auch als alternative Partnerprüfung einsetzbar) – Erwartungshorizont – Bewertungsraster und -kriterien – Aufwärmimpulse – Redemittellisten zur Prüfungsvorbereitung – Checklisten

<table>
<tr><td>

España ayer y hoy
Bilingüismo en Cataluña

</td><td>

Alumno A
Partnerprüfung

</td></tr>
</table>

Actividades:

1 Explica la ley lingüística y sus implicaciones para la vida diaria en Cataluña.

> **Leyes lingüísticas en Cataluña para promover el catalán**
>
> Las actividades educativas, la lengua utilizada en clase, el material didáctico y los libros de texto, así como las materias deben ser normalmente en catalán.

Según: *El marco legal lingüístico*, Generalitat de Catalunya

2 Discutid sobre el rol del castellano y de las lenguas cooficiales. Tú compartes la opinión de María José Sáenz.

> María José Sáenz (política del PP): **"El castellano es la lengua en la que nos entendemos todos y en la que todos me van a entender"**.

---- ✂

<table>
<tr><td>

España ayer y hoy
Bilingüismo en Cataluña

</td><td>

Alumno B
Partnerprüfung

</td></tr>
</table>

Actividades:

1 Explica la ley lingüística y sus implicaciones para la vida diaria en Cataluña.

> **Leyes lingüísticas en Cataluña para promover el catalán**
>
> En los medios de radiodifusión y televisión gestionados por la Generalitat y por las corporaciones locales de Cataluña la lengua normalmente utilizada debe ser la catalana.

Según: *El marco legal lingüístico*, Generalitat de Catalunya

2 Discutid sobre el rol del castellano y de las lenguas cooficiales. Tú compartes la opinión de Terry Davis.

> Terry Davis (Secretario General del Consejo de Europa, 2004-2009): **"Las lenguas regionales o minoritarias son una expresión de nuestra riqueza y diversidad culturales […], no una amenaza"**.

2. España ayer y hoy
La vida en la época franquista

Partner- oder Gruppenprüfung	Jahrgangsstufen 11/12	Spanisch fortgeführt

Aufgabenform	Jeder Prüfling referiert über vorgegebene Verordnungen oder Gesetze aus der Zeit der franquistischen Diktatur und erläutert die Folgen für die zeitgenössische spanische Gesellschaft. Im zweiten Prüfungsteil diskutieren die Prüflinge über die Auswirkungen der Ideologie Francos auf die Gesellschaft und vergleichen die damaligen Bedingungen mit heute.
Nachzuweisende Kompetenzen *B1 GeR*	Der Schüler / Die Schülerin … – kann eine vorbereitete, unkomplizierte Präsentation so klar vortragen, dass man ihr meist mühelos folgen kann, wobei die Hauptpunkte hinreichend präzise erläutert werden. – kann in Gesprächen Vergleiche anstellen und verschiedene Möglichkeiten einander gegenüberstellen. – kann in einer Diskussion persönliche Standpunkte und Meinungen äußern und erfragen.
Geprüftes Sachwissen	– Der spanische Bürgerkrieg – Die Etablierung der Diktatur – Exil und Emigration – Ideologie und Machtausbau – Zensur und Repression – Frauen und ihre Rolle unter Franco
Vorbereitung im vorausgehenden Unterricht	– Thematischen Wortschatz erweitern und festigen – Sachtexte lesen und mündlich zusammenfassen – Kurzreferate halten – Propagandaplakate beschreiben und interpretieren – Lieder und Gedichte analysieren – Diskussion: *La España de la época franquista: una sociedad dividida*
Vorgehensweise	Eine Vorbereitungszeit für diese Prüfung ist empfehlenswert, da sie den Schülerinnen und Schülern die Gelegenheit gibt ihren Vortrag zu planen und zu strukturieren und sich Argumente für den dialogischen Teil der Prüfung zu überlegen. Die Redezeiten der Prüflinge richten sich nach den curricularen Vorgaben der Bundesländer. Falls diese in Ihrem Bundesland nicht spezifiziert sind, empfehlen wir für den monologischen Teil 4 Minuten Redezeit je Prüfling. Für die anschließende Diskussion sind 10 Minuten angesetzt.
CD-ROM	Editierbare Word-Dateien auf der CD-ROM: – Partnerprüfung – Gruppenprüfung (auch als alternative Partnerprüfung einsetzbar) – Erwartungshorizont – Bewertungsraster und -kriterien – Aufwärmimpulse – Redemittellisten zur Prüfungsvorbereitung – Checklisten

España ayer y hoy	Alumno A
La vida en la época franquista	Partnerprüfung

Durante la guerra civil española (1936–39) y la dictadura franquista (1939–75) muchas cosas cambiaron para los españoles. Aquí hay dos ejemplos de las leyes que se introdujeron.

Actividades:

1 **Explica las consecuencias de las leyes para la vida diaria de los españoles de la época.**

9 de marzo de 1938: Se prohíbe a las mujeres hacer ciertos trabajos prestigiosos (abogada[1], agente de bolsa[2]).

23 de agosto de 1938: Se prohíbe a las mujeres menores de veinticinco años abandonar el hogar[3] sin permiso de sus padres excepto para casarse.

2 **Discute con tu compañero/-a**
   – los valores que dominaban en la época franquista,
   – las diferencias entre la sociedad de aquella época y la sociedad actual.

1 **el/la abogado/-a** der Anwalt / die Anwältin   **2 el/la agente de bolsa** der/die Börsermakler/in
3 **el hogar** = la casa y la familia

España ayer y hoy La vida en la época franquista	**Alumno B** Partnerprüfung

Durante la guerra civil española (1936–39) y la dictadura franquista (1939–75) muchas cosas cambiaron para los españoles. Aquí hay dos ejemplos de las leyes que se introdujeron.

Actividades:

1 Explica las consecuencias de las leyes para la vida diaria de los españoles de la época.

23 de abril de 1941: Se prohíbe el estreno[1] de películas extranjeras en versión original y se hace obligatorio el doblaje[2].

28 de junio de 1946: Todas las películas tienen que pasar por la censura antes de su estreno.

2 Discute con tu compañero/-a
   – los valores que dominaban la época franquista,
   – las diferencias entre la sociedad de aquella época y la sociedad actual.

1 **el estreno** die Aufführung   2 **el doblaje** die Synchronisation

3. Turismo y medio ambiente
Hacia un turismo sostenible en Andalucía

Partner- oder Gruppenprüfung	Jahrgangsstufen 11/12	Spanisch neu einsetzend

Aufgabenform	Die Prüflinge stellen sich vor, dass sie im Rahmen eines Austauschs Andalusien besuchen. Jeder Prüfling präsentiert ein ihm zugeteiltes Foto und verknüpft in seinem Vortrag den Bildinhalt mit Sachinformationen zur Thematik von *Turismo y medio ambiente en España*. Im anschließenden Gespräch diskutieren die Prüflinge darüber, wie umweltbewusstes Reisen möglich wäre.
Nachzuweisende Kompetenzen nach *A2/B1 GeR*	Der Schüler / Die Schülerin … – kann eine unkomplizierte Beschreibung eines Fotos geben. – kann eine vorbereitete, unkomplizierte Präsentation zu einem vertrauten Thema […] so klar vortragen, dass man ihm/ihr meist mühelos folgen kann, wobei die Hauptpunkte hinreichend präzise erläutert werden. – kann in Gesprächen darüber, was man tun sollte, Vergleiche anstellen und verschiedene Möglichkeiten einander gegenüberstellen. – kann Vorschläge machen und auf Vorschläge reagieren. – kann in Diskussionen kurz zu den Standpunkten anderer Stellung beziehen.
Geprüftes Sachwissen	– *Andalucía, el turismo y el medio ambiente* – *El fenómeno del turismo de masas* – *Las zonas turísticas en España* – *Variedades: turismo rural, turismo cultural, turismo de aventura* – *El turismo como sector económico* – *La escasez de agua* – *La destrucción de la costa*
Vorbereitung im vorausgehenden Unterricht	– Thematischen Wortschatz erweitern und festigen – Fotos beschreiben und bewerten – Sachtexte lesen und mündlich zusammenfassen – Statistiken auswerten und vergleichen – Stichwortgestützte Kurzvorträge halten – *Debate: El turismo de masas – ¿turismo a cualquier precio?*
Vorgehensweise	Eine Vorbereitungszeit für diese Prüfung ist empfehlenswert, da sie den Schülerinnen und Schülern die Gelegenheit gibt, sowohl ihren Vortrag zu planen und zu strukturieren als auch Argumente für die Verwendung ihrer Ideen im dialogischen Teil zu überlegen. Die Redezeiten der Prüflinge richten sich nach den curricularen Vorgaben der Bundesländer. Falls diese in Ihrem Bundesland nicht spezifiziert sind, empfehlen wir für den monologischen Teil 3 Minuten Redezeit je Prüfling. Für die anschließende Diskussion sind 10 Minuten angesetzt.
CD-ROM	Editierbare Word-Dateien auf der CD-ROM: – Partnerprüfung – Gruppenprüfung (auch als alternative Partnerprüfung einsetzbar) – *Para tomar apuntes* (Vorlage für die Prüflinge zum Mitschreiben) – Erwartungshorizont – Bewertungsraster und -kriterien – Aufwärmimpulse – Redemittellisten zur Prüfungsvorbereitung – Checklisten

Este verano tendrá lugar el intercambio de tu instituto con un instituto de Andalucía. Ya tenéis muchas ganas de ir, pero sabéis que el turismo también causa problemas.

Actividades:

1 **Describe la foto y relaciónala con los siguientes aspectos:**
   – el turismo de masas
   – la construcción
   – la naturaleza

2 **Discutid cómo se puede viajar preservando el entorno. Primero reunid ideas para un turismo responsable en una lista, después poneos de acuerdo sobre cuáles son los tres puntos más importantes.**

Turismo y medio ambiente Hacia un turismo sostenible en Andalucía	Alumno B Partnerprüfung

Este verano tendrá lugar el intercambio de tu instituto con un instituto de Andalucía. Ya tenéis muchas ganas de ir, pero sabéis que el turismo también causa problemas.

Actividades:

1 **Describe la foto y relaciónala con los siguientes aspectos:**
   – el turismo de masas
   – los residuos
   – el medio ambiente

2 **Discutid cómo se puede viajar preservando el entorno. Primero reunid ideas para un turismo responsable en una lista, después poneos de acuerdo sobre cuáles son los tres puntos más importantes.**

3. Turismo y medio ambiente
El desarrollo del turismo en España

Partner- oder Gruppenprüfung	Jahrgangsstufen 11/12	Spanisch fortgeführt

Aufgabenform	Jeder Prüfling präsentiert eine ihm zugeteilte Statistik und verknüpft in seinem Vortrag die Daten mit Sachinformationen zur Thematik *Turismo y medio ambiente*. Im anschließenden Gespräch nehmen die Prüflinge eine vorgegebene Rolle ein und diskutieren über die Entwicklung des Tourismus in Spanien.
Nachzuweisende Kompetenzen nach *B1/B2 GeR*	Der Schüler / Die Schülerin … – kann von einem Impuls ausgehend klare und detaillierte Beschreibungen geben. – kann eine klare und systematisch angelegte Präsentation vortragen und dabei wesentliche Punkte und relevante unterstützende Details hervorheben. – kann in einer Diskussion persönliche Standpunkte und Meinungen äußern und erfragen. – kann sich in vertrauten Situationen aktiv an informellen Diskussionen beteiligen, indem er einen Standpunkt klar darlegt, Hypothesen aufstellt oder auf Hypothesen reagieren.
Geprüftes Sachwissen	– *La importancia del turismo en España* – *Turismo y economía* – *Experiencias y estereotipos: turistas y españoles* – *El desafío de crear un turismo de calidad*
Vorbereitung im vorausgehenden Unterricht	– Thematischen Wortschatz erweitern und festigen – Statistiken beschreiben und auswerten – Reziprokes Lehren und Lernen: Sachtexte lesen und mündlich zusammenfassen – Karikaturen interpretieren – Blogeinträge wiedergeben und kommentieren – *Tertulia: Benidorm, ¿modelo de sostenibilidad?*
Vorgehensweise	Eine Vorbereitungszeit für diese Prüfung ist empfehlenswert, da sie den Schülerinnen und Schülern die Gelegenheit gibt, sowohl ihren Vortrag zu planen und zu strukturieren als auch Argumente für die Debatte zu überlegen. Die Redezeiten der Prüflinge richten sich nach den curricularen Vorgaben der Bundesländer. Falls diese in Ihrem Bundesland nicht spezifiziert sind, empfehlen wir für den monologischen Teil 5 Minuten Redezeit je Prüfling. Für die anschließende Diskussion sind 10 Minuten angesetzt.
CD-ROM	Editierbare Word-Dateien auf der CD-ROM: – Partnerprüfung – Gruppenprüfung (auch als alternative Partnerprüfung einsetzbar) – Erwartungshorizont – Bewertungsraster und -kriterien – Aufwärmimpulse – Redemittellisten zur Prüfungsvorbereitung – Checklisten

Estáis haciendo un intercambio con un colegio de Málaga. En clase organizáis un debate sobre el tema "El desarrollo del turismo en España". Has encontrado una estadística sobre el tema que te parece interesante.

Actividades:

1 **Describe y explica la estadística.**

	Turista alemán	Turista francés
Tipo de alojamiento	Hotel 4****/3***	Vivienda familiares o amigos/Hotel 3***
Motivo	Ocio	Ocio
Acceso	Vía aérea	Carretera
Comunidad autónoma preferida	Islas Baleares Islas Canarias	Cataluña Andalucía
Edad	25–44 años	25–44 años
Grado de satisfacción (máx. 10)	8,6	8,2
Composición del grupo turístico	En pareja	En pareja
Estancia media	10,3 días	7,7 días
Gasto medio diario	93,2 €	82,5 €

Fuente: Balance del Turismo 2011, Instituto de Estudios Turísticos

2 **Discutid sobre el desarrollo del turismo en España.**

TU OPINIÓN
"Las costas españolas ya no aguantan más construcción y turismo. Hay que promover un turismo sostenible y rural."

Estáis haciendo un intercambio con un colegio de Málaga. En clase organizáis un debate sobre el tema "El desarrollo del turismo en España". Has encontrado una estadística sobre el tema que te parece interesante.

Actividades:

1 **Describe y explica la estadística.**

Grado de satisfacción de los turistas internacionales Año 2011. Valoración máxima: 10	
Productos	
Alojamiento	**7,9**
Gastronomía	**8,0**
Ocio (oferta cultural, deportiva, nocturna)	**7,6**
Entorno turístico (belleza, tranquilidad, seguridad, limpieza, etc.)	**8,0**
Uso de transportes en destino (tren, bus, taxi, etc.)	**8,2**
Infraestructuras (carreteras, telecomunicaciones, aeropuertos, etc.)	**8,1**
Grado de satisfacción general	**8,5**

Fuente: Balance del Turismo 2011, Instituto de Estudios Turísticos

2 **Discutid sobre el desarrollo del turismo en España.**

TU OPINIÓN
"Al turista hay que darle lo que quiere. Mientras esté contento, no hay que cambiar nada."

4. La migración a España

Los inmigrantes africanos en España

Partner- oder Gruppenprüfung	Jahrgangsstufen 11/12	Spanisch neu einsetzend

Aufgabenform	Jeder Prüfling präsentiert ein ihm zugeteiltes Foto und verknüpft in seinem Vortrag den Bildinhalt mit Sachinformationen zur Thematik der *Movimientos migratorios*. Im anschließenden Gespräch diskutieren die Prüflinge darüber welches Foto sich am besten für ein Plakat eignet.
Nachzuweisende Kompetenzen *A2/B1 GeR*	Der Schüler / Die Schülerin … – kann unkomplizierte Beschreibungen zu vertrauten Themen geben. – kann eine vorbereitete, unkomplizierte Präsentation zu einem vertrauten Thema […] so klar vortragen, dass man ihr meist mühelos folgen kann, wobei die Hauptpunkte hinreichend präzise erläutert werden. – kann in Gesprächen darüber, was man auswählen sollte, Vergleiche anstellen und verschiedene Möglichkeiten einander gegenüberstellen. – kann in Diskussionen kurz zu den Standpunkten anderer Stellung beziehen.
Geprüftes Sachwissen	– Migrationsbewegungen von Afrika nach Spanien – Lebensbedingungen in den afrikanischen Herkunftsländern – Gründe für Auswanderung – *El sueño de una vida mejor* – Gefahren der Reise – Chancen und Schwierigkeiten für Immigranten in Spanien – Multikulturelles Zusammenleben – Bedingungen für eine gelungene Integration
Vorbereitung im vorausgehenden Unterricht	– Thematischen Wortschatz erweitern und festigen – Fotos beschreiben und bewerten – Sachtexte lesen und mündlich zusammenfassen – *Testimonios* lesen, auswerten, vergleichen – Routen auf Landkarten präsentieren – Rollenspiel: *¿Hay que hablar español con los hijos?*
Vorgehensweise	Eine Vorbereitungszeit für diese Prüfung ist empfehlenswert, da sie den Schülerinnen und Schülern die Gelegenheit gibt, sowohl ihren Vortrag zu planen und zu strukturieren als auch Argumente für die Verwendung ihres Fotos zu überlegen. Die Redezeiten der Prüflinge richten sich nach den curricularen Vorgaben der Bundesländer. Falls diese in Ihrem Bundesland nicht spezifiziert sind, empfehlen wir für den monologischen Teil 3 Minuten Redezeit je Prüfling. Für die anschließende Diskussion sind 10 Minuten angesetzt.
CD-ROM	Editierbare Word-Dateien auf der CD-ROM: – Partnerprüfung – Gruppenprüfung (auch als alternative Partnerprüfung einsetzbar) – Erwartungshorizont – Bewertungsraster und -kriterien – Aufwärmimpulse – Redemittellisten zur Prüfungsvorbereitung – Checklisten

El curso de español está preparando una exposición sobre los movimientos migratorios de África a España. Tú y tu compañero/-a preparáis el cartel para la exposición y buscáis una foto.

Actividades:

1 **Describe la foto y explica por qué te parece adecuada para el cartel. Ten en cuenta el significado de la educación y la lengua española para la integración de los inmigrantes.**

2 **Mira la foto de tu compañero/-a y escucha su presentación.**

3 **Discutid cuál de las fotos queréis usar. Tú piensas que tu foto es la mejor para el cartel. Trata de convencer a tu compañero/-a. Al final tenéis que decidiros por una de las fotos.**

El curso de español está preparando una exposición sobre los movimientos migratorios de África a España. Tú y tu compañero/-a preparáis el cartel para la exposición y buscáis una foto.

Actividades:

1 Describe la foto y explica por qué te parece adecuada para el cartel. Ten en cuenta la situación de la persona y los problemas y perspectivas que tiene en España.

2 Mira la foto de tu compañero/-a y escucha su presentación.

3 Discutid cuál de las fotos queréis usar. Tú piensas que tu foto es la mejor para el cartel. Trata de convencer a tu compañero/-a. Al final tenéis que decidiros por una de las fotos.

4. La migración a España
La convivencia multicultural en España

Partner- oder Gruppenprüfung	Jahrgangsstufen 11/12	Spanisch fortgeführt

Aufgabenform	Jeder Prüfling präsentiert und erläutert eine Statistik des *Instituto Nacional de Estadísticas* zur Thematik der Immigranten in der spanischen Gesellschaft. Im zweiten Prüfungsteil debattieren die Prüflinge über die Zukunft Spaniens und die Entwicklung des multikulturellen Zusammenlebens.
Nachzuweisende Kompetenzen *B1/B2 GeR*	Der Schüler / Die Schülerin … – kann von einem Impuls ausgehend über wichtige Einzelheiten berichten. – kann eine klare und systematisch angelegte Präsentation vortragen und dabei wesentliche Punkte und relevante unterstützende Details hervorheben. – kann in einer Diskussion persönliche Standpunkte und Meinungen äußern und erfragen. – kann sich in vertrauten Situationen aktiv an informellen Diskussionen beteiligen, indem er einen Standpunkt klar darlegt, Hypothesen aufstellt oder auf Hypothesen reagiert.
Geprüftes Sachwissen	– Migrationsbewegungen von Afrika nach Spanien – Bildung, Sprache und Identität – Bedingungen für eine gelungene Integration – Multikulturelles Zusammenleben und Politik – *El sueño de una vida mejor* – *Tradición y adaptación de la cultura europea*
Vorbereitung im vorausgehenden Unterricht	– Thematischen Wortschatz erweitern und festigen – Statistiken beschreiben und auswerten – Sachtexte lesen und mündlich zusammenfassen – Interviewgespräche durchführen – Diskussion: Voraussetzungen für eine gelungene Integration
Vorgehensweise	Eine Vorbereitungszeit für diese Prüfung ist empfehlenswert, da sie den Schülerinnen und Schülern die Gelegenheit gibt, ihren Vortrag zu planen und zu strukturieren und sich Argumente für den dialogischen Prüfungsteil zu überlegen. Die Redezeiten der Prüflinge richten sich nach den curricularen Vorgaben der Bundesländer. Falls diese in Ihrem Bundesland nicht spezifiziert sind, empfehlen wir für den monologischen Teil 5 Minuten Redezeit je Prüfling. Für die anschließende Diskussion sind 10 Minuten angesetzt.
CD-ROM	Editierbare Word-Dateien auf der CD-ROM: – Partnerprüfung – Gruppenprüfung (auch als alternative Partnerprüfung einsetzbar) – Erwartungshorizont – Bewertungsraster und -kriterien – Aufwärmimpulse – Redemittellisten zur Prüfungsvorbereitung – Checklisten

Tu curso va a organizar una mesa redonda sobre el tema: **"La convivencia multicultural en España hoy y en el futuro"**. En la página del Instituto Nacional de Estadísticas has encontrado estos datos sobre la inmigración en España.

Actividades:

1 **Presenta los datos y explica qué significan para la convivencia multicultural en España.**

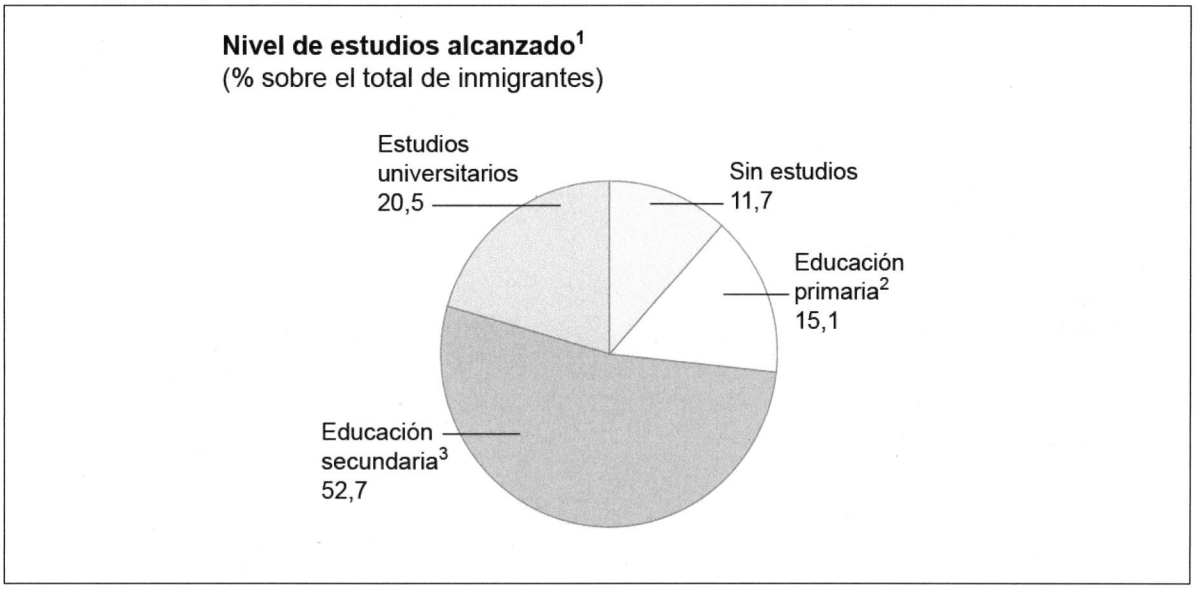

Nivel de estudios alcanzado[1]
(% sobre el total de inmigrantes)

Estudios universitarios 20,5

Sin estudios 11,7

Educación primaria[2] 15,1

Educación secundaria[3] 52,7

Fuente: Instituto Nacional de Estadísticas (INE), 2009

2 **Discute con tu compañero/-a sobre el desarrollo[4] de la sociedad moderna española. En vuestra opinión, ¿qué hace falta[5] para que la convivencia multicultural sea una experiencia positiva para todos? Los siguientes aspectos pueden ser interesantes:**

– **la lengua española y su uso,**
– **el intercambio entre la población española y los inmigrantes,**
– **la participación política,**
– **la juventud y la formación escolar.**

1 **alcanzado/-a** erreicht   2 **la educación primaria** *beinhaltet die Klassen 1–6 (in Spanien)*
3 **la educación secundaria** *mittlerer Schulabschluss nach Klasse 10 oder* **bachillerato** *(Abitur) nach Klasse 12 (in Spanien)*
4 **el desarrollo** die Entwicklung   5 **hacer falta** nötig sein

Tu curso va a organizar una mesa redonda sobre el tema: **"La convivencia multicultural en España hoy y en el futuro"**. En la página del Instituto Nacional de Estadísticas has encontrado estos datos sobre la inmigración en España.

Actividades:

1 **Presenta los datos y explica qué significan para la convivencia multicultural en España.**

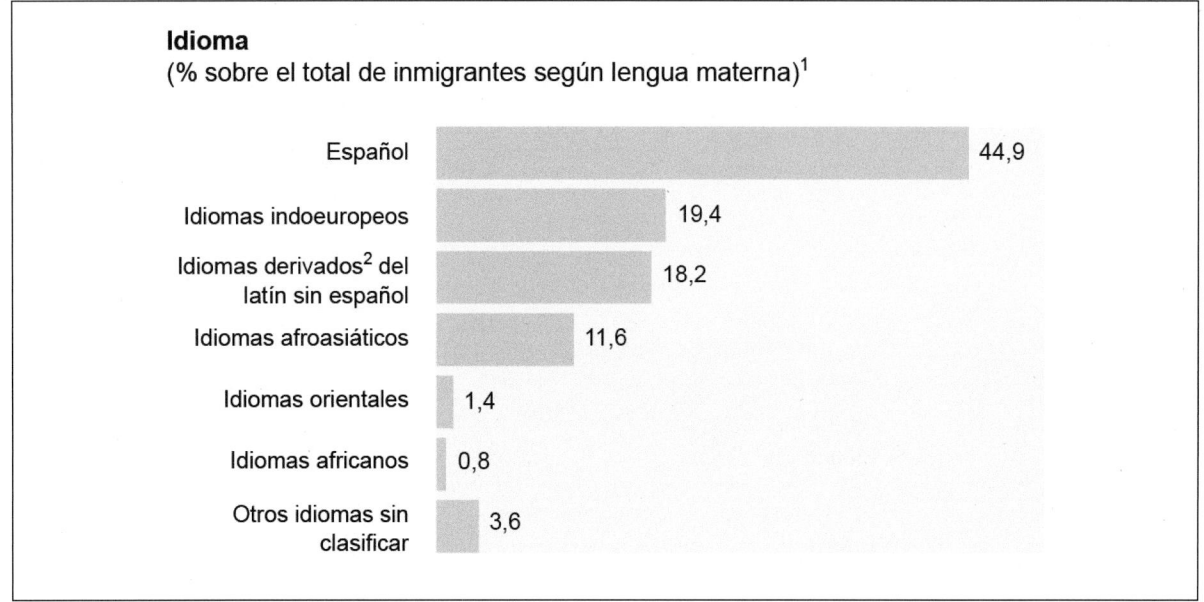

Idioma
(% sobre el total de inmigrantes según lengua materna)[1]

Español — 44,9
Idiomas indoeuropeos — 19,4
Idiomas derivados[2] del latín sin español — 18,2
Idiomas afroasiáticos — 11,6
Idiomas orientales — 1,4
Idiomas africanos — 0,8
Otros idiomas sin clasificar — 3,6

Fuente: Instituto Nacional de Estadísticas (INE), 2009

2 **Discute con tu compañero/-a sobre el desarrollo[3] de la sociedad moderna española. En vuestra opinión, ¿qué hace falta[4] para que la convivencia multicultural sea una experiencia positiva para todos? Los siguientes aspectos pueden ser interesantes:**

– la lengua española y su uso,
– el intercambio entre la población española y los inmigrantes,
– la participación política,
– la juventud y la formación escolar.

1 **la lengua materna** die Muttersprache   2 **derivado/-a de** abstammend von   3 **el desarrollo** die Entwicklung
4 **hacer falta** nötig sein

5. Los medios de comunicación
El casting

Partner- oder Gruppenprüfung	Jahrgangsstufen 11/12	Spanisch neu einsetzend

Aufgabenform	Jeder Prüfling trägt in strukturierter Weise eine Beschreibung über eine Casting-Show vor, die er bereits einmal gesehen hat. Anschließend bringen sie ihre persönliche Meinung zu dieser Show zum Ausdruck. Im zweiten Prüfungsteil versetzen sich die Prüflinge in vorgegebene Rollen. Sie diskutieren aus ihrer Rolle heraus über die Teilnahme eines gemeinsamen Freundes an einer Casting-Show.
Nachzuweisende Kompetenzen A2/B1 GeR	Der Schüler / Die Schülerin … – kann eine Sendung zusammenfassen, dazu Stellung nehmen und Informationsfragen dazu beantworten. – kann für seine Ansichten kurze Begründungen und Erklärungen geben. – kann in Gesprächen darüber, wie man vorgehen sollte, Vergleiche anstellen und verschiedene Möglichkeiten einander gegenüberstellen. – kann in Diskussionen kurz zu den Standpunkten anderer Stellung nehmen.
Geprüftes Sachwissen	– Medienkonsum in Spanien, Deutschland und anderen Ländern – Jugendliche und die Kommunikationsmedien – *Telebasura* – Casting-Shows und ihr Erfolg – Talentförderung oder Belustigung? Die Diskussion in den öffentlichen Medien
Vorbereitung im vorausgehenden Unterricht	– Thematischen Wortschatz erweitern und festigen – Statistiken auswerten – Karikaturen interpretieren – Rollenspiel: *¿Permitiría a su hija participar en un programa de televisión?* – Debatte: *El atractivo de Operación Triunfo*
Vorgehensweise	Eine Vorbereitungszeit für diese Prüfung ist empfehlenswert, da sie den Schülerinnen und Schülern die Gelegenheit gibt, sowohl ihren Vortrag zu planen und zu strukturieren als auch Argumente für die Verwendung ihres Fotos zu überlegen. Die Redezeiten der Prüflinge richten sich nach den curricularen Vorgaben der Bundesländer. Falls diese in Ihrem Bundesland nicht spezifiziert sind, empfehlen wir für den monologischen Teil 3 Minuten Redezeit je Prüfling. Für die anschließende Diskussion sind 10 Minuten angesetzt.
CD-ROM	Editierbare Word-Dateien auf der CD-ROM: – Partnerprüfung – Gruppenprüfung (auch als alternative Partnerprüfung einsetzbar) – Erwartungshorizont – Bewertungsraster und -kriterien – Aufwärmimpulse – Redemittellisten zur Prüfungsvorbereitung – Checklisten

Actividades:

1 Describe un casting show que conozcas y explica qué te gusta y qué no te gusta del programa.

2 Lee el texto sobre el programa Operación Estrella. Vuestro amigo Sergio quiere participar el próximo año y os pregunta vuestra opinión. Discute con tu compañero/-a y defiende tu opinión.

Buscamos a los 100 mejores cantantes de este país. ¿Eres uno de ellos?

Si quieres apuntarte al casting de Operación Estrella estos son algunos de los consejos y requisitos para que puedas hacerlo:

Buscamos cantantes con talento y experiencia porque no vamos a enseñar a cantar a nadie. Cantantes con personalidad y capaces[1] de emocionar[2] al público con su voz. Personas que estén dispuestas[3] a trabajar duro y a llevar las riendas[4] de su carrera desde el principio. Además, tienen que ser responsables y con iniciativa.

TU OPINIÓN

Tú quieres que Sergio participe en el programa. Piensas que ya es un cantante muy bueno y que es una gran oportunidad para él.

---

1 **ser capaz** fähig sein   2 **emocionar (a alguien)** *fig.:* (jdn.) bewegen, packen   3 **estar dispuesto** bereit sein
4 **llevar las riendas** die Zügel in die Hand nehmen, Verantwortung übernehmen

Actividades:

1 Describe un casting show que conozcas y explica qué te gusta y qué no te gusta del programa.

2 Lee el texto sobre el programa Operación Estrella. Vuestro amigo Sergio quiere participar el próximo año y os pregunta vuestra opinión. Discute con tu compañero/-a y defiende tu opinión.

Buscamos a los 100 mejores cantantes de este país. ¿Eres uno de ellos?

Si quieres apuntarte al casting de Operación Estrella estos son algunos de los consejos y requisitos para que puedas hacerlo:

Buscamos cantantes con talento y experiencia porque no vamos a enseñar a cantar a nadie. Cantantes con personalidad y capaces[1] de emocionar[2] al público con su voz. Personas que estén dispuestas[3] a trabajar duro y a llevar las riendas[4] de su carrera desde el principio. Además, tienen que ser responsables y con iniciativa.

TU OPINIÓN

En tu opinión, Sergio es demasiado tímido[5] como para participar en este programa.

---

1 **ser capaz** fähig sein   2 **emocionar (a alguien)** *fig.:* (jdn.) bewegen, packen   3 **estar dispuesto** bereit sein
4 **llevar las riendas** die Zügel in die Hand nehmen, Verantwortung übernehmen   5 **tímido/-a** schüchtern

5. Los medios de comunicación
Las redes sociales

Partner- oder Gruppenprüfung	Jahrgangsstufen 11/12	Spanisch fortgeführt

Aufgabenform	Jeder Prüfling präsentiert einzelne Daten zu statistischen Erhebungen zum Gebrauch von *redes sociales* und erläutert ihre Bedeutung. In diesem Zusammenhang geht er auf die Fragestellung der Aufgabenstellung ein und äußert seine persönliche Einschätzung. Im zweiten Prüfungsteil diskutieren die Prüflinge aus einer vorgegebenen Rolle heraus über die Vorteile und Nachteile der *redes sociales*.
Nachzuweisende Kompetenzen *B1 GeR*	Der Schüler/Die Schülerin … – kann unkomplizierte Beschreibungen einer Statistik geben. – kann eine vorbereitete, unkomplizierte Präsentation so klar vortragen, dass man ihr/ihm mühelos folgen kann, wobei die Hauptpunkte hinreichend erläutert werden. – kann in einer Diskussion persönliche Standpunkte und Meinungen äußern und erfragen.
Geprüftes Sachwissen	– *Redes sociales* allgemein und in den spanischsprachigen Ländern, – „Abhängigkeiten" von sozialen Netzwerken – Umgang mit Informationen und Daten, – Datensicherheit und Schutz der Privatsphäre – Soziale Netzwerke und soziale Kontakte – Virtuelle Freundschaft – Politisches Engagement und soziale Netzwerke
Vorbereitung im vorausgehenden Unterricht	– Thematischen Wortschatz erweitern und festigen – Statistiken beschreiben und auswerten – Aufbau und Funktion eines *red social* erläutern – individuelle persönliche Erfahrungen erzählen – Rollenspiele durchführen (*Mis padres no quieren que utilice Tuenti*) – Diskussion: *La responsabilidad de los usuarios*
Vorgehensweise	Eine Vorbereitungszeit für diese Prüfung ist empfehlenswert, da sie den Schülerinnen und Schülern die Gelegenheit gibt, sowohl ihren Vortrag zu planen und zu strukturieren als auch Argumente für die Verwendung ihres Fotos zu überlegen. Die Redezeiten der Prüflinge richten sich nach den curricularen Vorgaben der Bundesländer. Falls diese in Ihrem Bundesland nicht spezifiziert sind, empfehlen wir für den monologischen Teil 4 Minuten Redezeit je Prüfling. Für die anschließende Diskussion sind 10 Minuten angesetzt.
CD-ROM	Editierbare Word-Dateien auf der CD-ROM: – Partnerprüfung – Gruppenprüfung (auch als alternative Partnerprüfung einsetzbar) – Erwartungshorizont – Bewertungsraster und -kriterien – Aufwärmimpulse – Redemittellisten zur Prüfungsvorbereitung – Checklisten

Los medios de comunicación Las redes sociales	Alumno A Partnerprüfung

Actividades:

1 **Lee y comenta el resultado de una encuesta sobre el uso de las redes sociales en México. En tu opinión, ¿por qué las redes sociales son tan atractivas para tanta gente?**

– El 70 % de los usuarios de Internet participa al menos en una red social.
– El usuario medio consulta su red social al menos[1] dos veces al día.

2 **Discute con tu compañero/-a las ventajas y desventajas de las redes sociales.**

TU OPINIÓN

Para ti, las redes sociales son una buena posibilidad de mantener[2] el contacto con tus amigos y conocer gente nueva. No te puedes imaginar tu vida sin las redes sociales.

1 **al menos** mindestens   2 **mantener** aufrechterhalten

- ✂

Los medios de comunicación Las redes sociales	Alumno B Partnerprüfung

Actividades:

1 **Lee y comenta el resultado de una encuesta sobre el uso de las redes sociales en México. En tu opinión, ¿cuáles son las razones para buscar contactos y amistades en Internet?**

– El 50 % de los preguntados están de acuerdo con ser amigos de completos extraños[1].
– El 57 % declararon que tienen más conversaciones en línea[2] que cara a cara.

2 **Discute con tu compañero/-a las ventajas y desventajas de las redes sociales.**

TU OPINIÓN

Para ti, las redes sociales son una pérdida de tiempo[3]. Las amistades virtuales te parecen artificiales.

1 **el/la extraño/-a** der/die Fremde   2 **en línea** online   3 **la pérdida de tiempo** die Zeitverschwendung

6. El sueño de una vida mejor
La emigración latina en el cine

Partner- oder Gruppenprüfung	Jahrgangsstufen 11/12	Spanisch neu einsetzend

Aufgabenform	Jeder Prüfling präsentiert die wichtigsten Daten und eine kurze Zusammenfassung eines Filmes, der sich auf das Thema der Immigration in die USA bezieht. Im anschließenden Gespräch (zweiter Teil der Prüfung) diskutieren die Prüflinge darüber, welchen Film sie gerne im Spanischunterricht sehen und bearbeiten würden.
Nachzuweisende Kompetenzen *A2/B1 GeR*	Der Schüler / Die Schülerin … – kann mit einfachen Worten Personen, Orte und Handlungen beschreiben. – kann die Handlung eines Films wiedergeben und die eigenen Reaktionen beschreiben. – kann in Gesprächen darüber, was man auswählen sollte, Vergleiche anstellen und verschiedene Möglichkeiten einander gegenüberstellen. – kann in Diskussionen kurz zu den Standpunkten anderer Stellung beziehen.
Geprüftes Sachwissen	– *El conflicto Norte-Sur* – *La sociedad mexicana y sus conflictos* – *El desafío de la pobreza* – *El sueño de una vida mejor* – *Factores de atracción y empuje* – *Cruzar la frontera* – *Los hispanos en EEUU* – *El encuentro de las culturas*
Vorbereitung im vorausgehenden Unterricht	– Thematischen Wortschatz erweitern und festigen – Landkarten und Statistiken beschreiben und auswerten – Sachtexte lesen und mündlich zusammenfassen – Lieder und Kurzgeschichten analysieren – Aquarium: *¿Derechos ciudadanos para los latinos?*
Vorgehensweise	Eine Vorbereitungszeit für diese Prüfung ist empfehlenswert, da sie den Schülerinnen und Schülern die Gelegenheit gibt, sowohl ihren Vortrag zu planen und zu strukturieren als auch Argumente für die Verwendung ihres Filmes zu überlegen. Die Redezeiten der Prüflinge richten sich nach den curricularen Vorgaben der Bundesländer. Falls diese in Ihrem Bundesland nicht spezifiziert sind, empfehlen wir für den monologischen Teil 3 Minuten Redezeit je Prüfling. Für die anschließende Diskussion sind 10 Minuten angesetzt.
CD-ROM	Editierbare Word-Dateien auf der CD-ROM: – Partnerprüfung – Gruppenprüfung (auch als alternative Partnerprüfung einsetzbar) – *Para tomar apuntes* (Vorlage für die Prüflinge zum Mitschreiben) – Erwartungshorizont – Bewertungsraster und -kriterien – Aufwärmimpulse – Redemittellisten zur Prüfungsvorbereitung – Checklisten

La profesora de español quiere poneros una película que trate de la inmigración latina a los EE.UU. Los alumnos deben proponer y elegir una que les interese.

Actividades:

1 **Presenta la película *La misma luna* de Patricia Riggen.**
  – **el tema**
  – **el/la director/a**
  – **el país y el año de producción**
  – **los protagonistas**
  – **la acción**
  – **tu opinión**

2 **Discutid cuál de las películas queréis ver en clase.**

La misma luna (México, EE.UU., 2007)

Carlos, también conocido como Carlitos, un muchacho de nueve años de edad, es uno de los incontables niños que son dejados atrás por sus padres cuando ellos van a los Estados Unidos en busca de un medio para mantener a sus familias. Su madre, Rosario ha estado trabajando de manera ilegal en Los Ángeles durante cuatro años, enviando dinero a casa para su madre e hijo con el fin de que tengan la oportunidad de una vida mejor.

Cuando la muerte de su abuela deja solo al joven Carlitos, éste se dirige al norte para cruzar la frontera y encontrar a su madre. Durante el viaje de una aldea rural[1] de México a un barrio en Los Ángeles, Carlitos se enfrenta a obstáculos[2] que parecen insuperables[3]. Acompañado de un trabajador emigrante llamado Enrique, Carlitos se abre camino[4] desde Tucson en Arizona hasta el este de Los Ángeles.

© www.primordiales.com.ar

---

1 **una aldea rural** = un pueblo pequeño en el campo   2 **el obstáculo** das Hindernis   3 **insuperable** unüberwindbar
4 **abrirse camino** einen Weg finden

<table>
<tr><td>

El sueño de una vida mejor
La emigración latina en el cine

</td><td>

Alumno B
Partnerprüfung

</td></tr>
</table>

La profesora de español quiere poneros una película que trate de la inmigración latina a los EE.UU. Los alumnos deben proponer y elegir una que les interese.

Actividades:

1 **Presenta la película *América* de Sonia Fritz.**
   – **el tema**
   – **el/la director/a**
   – **el país y el año de producción**
   – **los protagonistas**
   – **la acción**
   – **tu opinión**

2 **Discutid cuál de las películas queréis ver en clase.**

América (Puerto Rico, 2011)

La película América, de Sonia Fritz, se basa en la novela El sueño de América, de la escritora puertorriqueña Esmeralda Santiago. Trata de una mujer llamada América de la isla de Vieques (Puerto Rico) que tiene que huir[1] de su pueblo para alejarse de su violento compañero, que la maltrata,[2] y con quien tiene una hija de 14 años.

Su destino es la ciudad de Nueva York, donde tiene algunos parientes[3]. Empieza a trabajar de día como niñera para una familia y de noche, en una lavandería[4]. Así trata de conseguir dinero para traer a su hija a EE.UU.

En Vieques, su compañero hace todo lo posible por descubrir el paradero[5] de su mujer. Entretanto, América se va adaptando a la gran metrópoli y con la ayuda de un grupo de mujeres latinas comienza a rehacer su vida, pero con el constante temor[6] de la aparición[7] del marido.

© www.prpop.org

---

1 **huir** fliehen   2 **maltratar** misshandeln   3 **el/la pariente** der/die Verwandte   4 **la lavandería** die Wäscherei
5 **el paradero** der Aufenthaltsort   6 **el temor** die Furcht, die Angst   7 **la aparición** das Erscheinen, das Auftauchen

6. El sueño de una vida mejor
Latinos en los EE.UU.

Partner- oder Gruppenprüfung	Jahrgangsstufen 11/12	Spanisch fortgeführt

Aufgabenform	Jeder Prüfling beschreibt und interpretiert eine Karikatur, die sich mit der Situation der *Hispanos* in den USA befasst und verknüpft in seinem Vortrag den Bildinhalt mit Sachinformationen zur Thematik. Im anschließenden Gespräch diskutieren die Prüflinge ausgehend von einem Zitat über die möglichen Veränderungen der US-amerikanischen Gesellschaft.
Nachzuweisende Kompetenzen *B1/B2 GeR*	Der Schüler / Die Schülerin … – kann einen Bildimpuls relativ flüssig beschreiben. – kann Gedanken über abstrakte oder kulturelle Themen ausdrücken. – kann sich in vertrauten Situationen aktiv an informellen Diskussionen beteiligen, indem er einen Standpunkt klar darlegt, Hypothesen aufstellt oder auf Hypothesen reagiert.
Geprüftes Sachwissen	– *Los hispanos en EE.UU.* – *Factores de atracción y empuje de la migración latina* – *El sueño de una vida mejor* – *Las esperanzas de la comunidad hispana* – *Las leyes antiinmigración (Arizona y los inmigrantes hispanos)* – Multikulturelles Zusammenleben
Vorbereitung im vorausgehenden Unterricht	– Thematischen Wortschatz erweitern und festigen – Sachtexte lesen und mündlich zusammenfassen – *Testimonios* lesen, auswerten, vergleichen – Kurzgeschichten analysieren und besprechen – *Juego de rol: ¿Quedarse o emigrar?* – Diskussion: Voraussetzungen für eine gelungene Integration
Vorgehensweise	Eine Vorbereitungszeit für diese Prüfung ist empfehlenswert, da sie den Schülerinnen und Schülern die Gelegenheit gibt, sowohl ihren Vortrag zu planen und zu strukturieren. Die Redezeiten der Prüflinge richten sich nach den curricularen Vorgaben der Bundesländer. Falls diese in Ihrem Bundesland nicht spezifiziert sind, empfehlen wir für den monologischen Teil 5 Minuten Redezeit je Prüfling. Für die anschließende Diskussion sind 10 Minuten angesetzt.
CD-ROM	Editierbare Word-Dateien auf der CD-ROM: – Partnerprüfung – Gruppenprüfung (auch als alternative Partnerprüfung einsetzbar) – Erwartungshorizont – Bewertungsraster und -kriterien – Aufwärmimpulse – Redemittellisten zur Prüfungsvorbereitung – Checklisten

Actividades:

1 Describe e interpreta la caricatura. Explica qué relación hay entre el dibujo y la situación de los inmigrantes latinos en Estados Unidos.

© 2007 Armando Caicedo -358- Memeber AAEC

Es la Reina de Inglaterra que viene a celebrar los 400 años de la primera invasión de ingleses indocumentados, que padecemos.

1 **el/la indocumentado/-a** *hier:* der/die Einwanderer/in ohne gültige Papiere   2 **padecer** = sufrir

2 Lee la cita de Jorge Ramos, un periodista hispanohablante de Estados Unidos. Discute con tu compañero/-a sobre los posibles efectos de la "latinización" de los Estados Unidos. ¿Qué va a cambiar, en vuestra opinión?

"En menos de 100 años habrá más latinos, más hispanos que blancos anglosajones en los Estados Unidos. De alguna forma, Estados Unidos se está latinizando, se está convirtiendo en una nación latina, cualquier cosa que eso signifique en un futuro, y lo está afectando absolutamente todo."

Actividades:

1 Describe e interpreta la caricatura. Explica el desafío[1] que es para los latinos establecerse[2] en la sociedad estadounidense.

1 **el desafío** die Herausforderung 2 **establecerse** sich durchsetzen 3 **el empleo** die Stelle, der Arbeitsplatz
4 **lograr** schaffen 5 **mostrar** zeigen 6 **el certificado de postgrado** das Master-Zeugnis 7 **el _PhD_** der Doktortitel

2 Lee la cita de Jorge Ramos, un periodista hispanohablante de Estados Unidos. Discute con tu compañero/-a sobre los posibles efectos de la "latinización" de los Estados Unidos. ¿Qué va a cambiar, en vuestra opinión?

"En menos de 100 años habrá más latinos, más hispanos que blancos anglosajones en los Estados Unidos. De alguna forma, Estados Unidos se está latinizando, se está convirtiendo en una nación latina, cualquier cosa que eso signifique en un futuro, y lo está afectando absolutamente todo."

7. América Latina

Las dictaduras en el Cono Sur

Partner- oder Gruppenprüfung	Jahrgangsstufen 11/12	Spanisch neu einsetzend

Aufgabenform	Jeder Prüfling präsentiert ein literarisches Werk, das sich exemplarisch mit Diktaturen und Repression in Südamerika befasst. Im zweiten Prüfungsteil diskutieren die Prüflinge darüber, welches der vorgestellten Werke sie gerne im Spanischunterricht bearbeiten würden.
Nachzuweisende Kompetenzen A2/B1 GeR	Der Schüler / Die Schülerin … – kann die Handlung eines Buchs wiedergeben und die eigenen Reaktionen beschreiben. – kann mit einfachen Worten Personen, Orte und Gegenstände beschreiben. – kann sich in vertrauten Situationen aktiv an informellen Diskussionen beteiligen, indem er/sie Stellung bezieht, einen klaren Standpunkt klar darlegt und verschieden Vorschläge beurteilt.
Geprüftes Sachwissen	– *Los años duros en el Cono Sur* – *Los militares y la toma del poder* – *El sistema represivo y la resistencia estudiantil* – *Los desaparecidos* – *El exilio* – *La memoria social*
Vorbereitung im vorausgehenden Unterricht	– Thematischen Wortschatz erweitern und festigen – Sachtexte zur Geschichte Chiles und Argentiniens lesen und mündlich zusammenfassen – *Testimonios* lesen, auswerten, vergleichen – Lieder und Gedichte der *cantautores* interpretieren – Videoclips beschreiben und bewerten
Vorgehensweise	Eine Vorbereitungszeit für diese Prüfung ist empfehlenswert, da sie den Schülerinnen und Schülern die Gelegenheit gibt, sowohl ihren Vortrag zu planen und zu strukturieren als auch Argumente für den dialogischen Prüfungsteil zu sammeln. Die Redezeiten der Prüflinge richten sich nach den curricularen Vorgaben der Bundesländer. Falls diese in Ihrem Bundesland nicht spezifiziert sind, empfehlen wir für den monologischen Teil 3 Minuten Redezeit je Prüfling. Für die anschließende Diskussion sind 10 Minuten angesetzt.
CD-ROM	Editierbare Word-Dateien auf der CD-ROM: – Partnerprüfung – Gruppenprüfung (auch als alternative Partnerprüfung einsetzbar) – *Para tomar apuntes* (Vorlage für die Prüflinge zum Mitschreiben) – Erwartungshorizont – Bewertungsraster und -kriterien – Aufwärmimpulse – Redemittellisten zur Prüfungsvorbereitung – Checklisten

América Latina Las dictaduras en el Cono Sur	**Alumno A** Partnerprüfung

En clase vais a leer una obra literaria sobre la época de las dictaduras en el Cono Sur. Los alumnos deben proponer y elegir una que les interese.

Actividades:

1 **Presenta la obra de teatro *La muerte y la doncella* de Ariel Dorfman (la temática, los protagonistas, el argumento). Explica por qué te interesa.**

2 **Discutid cuál de las obras literarias queréis leer en clase.**

La muerte y la doncella **(Ariel Dorfman, 1990)**

La historia se sitúa en un país que acaba de salir de una dictadura militar. Es la historia de Paulina Salas y Gerardo Escobar, una pareja que, como todas, ha tenido momentos difíciles. Gerardo es un abogado[1] de la comisión que investiga las violaciones de los derechos humanos[2] durante el régimen militar. Paulina ha sido torturada[3] por los militares y ahora es ama de casa. Nunca le ha hablado a su marido de sus experiencias en la cárcel.

Un día Gerardo vuelve tarde a casa porque se le pinchó la llanta[4] de su coche a mitad de la carretera. Un hombre lo lleva a su casa. Una vez en casa, Paulina reconoce la voz del desconocido como la de su torturador. El torturador de Paulina escuchaba *La muerte y la doncella* de Franz Schubert durante los abusos[5]. De ahí el título de esta obra. Para convencer a Gerardo de la culpabilidad del hombre, Paulina tiene que conseguir que éste confiese …

---

1 **el abogado** der Rechtsanwalt   2 **la violación de los derechos humanos** die Menschenrechtsverletzung   3 **torturar** foltern
4 **se le pinchó la llanta** der Reifen platzte   5 **el abuso** die Misshandlung

En clase vais a leer una obra literaria sobre la época de las dictaduras en el Cono Sur. Los alumnos deben proponer y elegir una que les interese.

Actividades:

1 Presenta la novela *No pasó nada* de Antonio Skármeta (la temática, los protagonistas, el argumento). Explica por qué te interesa la obra.

2 Discutid cuál de las obras literarias queréis leer en clase.

No pasó nada (Antonio Skármeta, 1980)

A sus catorce años, Lucho ya sabe lo que es el exilio lejos de su Chile natal. Las circunstancias históricas y políticas empujan a su familia hacia una nueva vida en un nuevo país: Alemania. Allí encuentra muchas cosas con las que identificarse: el fútbol, la música, sus amigos griegos Homero y Sócrates Kurnides, las manifestaciones[1], las motos y, sobre todo, chicas como Edith y Sophie. Sin embargo, también encontrará cosas menos placenteras[2]: las dificultades de la vida diaria en un país desconocido, la nostalgia del sol, la escasez[3] de dinero y las provocaciones racistas. Con gracia[4] poética e ironía, Antonio Skármeta nos muestra un mundo de contrastes bajo la mirada cándida[5] y reflexiva de un adolescente en lucha consigo mismo y con la realidad que le ha tocado vivir.[6]

---

1 **la manifestación** die Demonstration   2 **placentero/-a** angenehm   3 **la escasez** die Knappheit
4 **la gracia** die Witzigkeit   5 **cándido/-a** aufrichtig   6 **que le ha tocado vivir** in der er leben muss

7. América Latina
Las culturas indígenas entre tradiciones y progreso

Partner- oder Gruppenprüfung	Jahrgangsstufen 11/12	Spanisch fortgeführt

Aufgabenform	Jeder Prüfling fasst den Inhalt eines Blogs zusammen und kommentiert die darin geäußerte Meinung zur Situation der *indígenas* in Mexiko. Im zweiten Prüfungsteil führen die Prüflinge aus einer vorgegebenen Rolle heraus eine Debatte zum Thema indigene Traditionen und Fortschritt.
Nachzuweisende Kompetenzen B1/B2 GeR	Der Schüler / Die Schülerin … – kann Informationen und Argumente aus einem Blog und verschiedenen Quellen zusammenfassen und wiedergeben. – kann für Ansichten kurze Begründungen oder Erklärungen geben. – kann erklären, warum etwas ein Problem ist. – kann in Diskussionen kurz zu den Standpunkten anderer Stellung beziehen.
Geprüftes Sachwissen	– Die indigene Bevölkerung Lateinamerikas – Geschichte der präkolumbischen Kulturen – Traditionen: Feste und Rituale – Indigene Lebensweise: Arbeit und Familie – Armut und Marginalisierung – Bedrohungen durch die Moderne: ungeklärte Eigentumsverhältnisse, Industrialisierung und Verschmutzung von Luft und Wasser, Pflanzung von genetisch verändertem Mais – Widerstand und Autonomie: *Levantamiento en Chiapas* – Staatliche Maßnahmen: *Ley de derechos y cultura indígenas (México 2001)*
Vorbereitung im vorausgehenden Unterricht	– Thematischen Wortschatz erweitern und festigen – Bilder und Statistiken beschreiben und auswerten – Videos beschreiben und erläutern – Sachtexte lesen und mündlich zusammenfassen – Stichwortgestützte Kurzvorträge halten – Diskussion: *¿Cómo promover el desarrollo?*
Vorgehensweise	Eine Vorbereitungszeit für diese Prüfung ist empfehlenswert, da sie den Schülerinnen und Schülern die Gelegenheit gibt, sowohl ihren Vortrag zu planen und zu strukturieren als auch Argumente für die ihnen zugeteilte Rolle in der Diskussion zu überlegen. Die Redezeiten der Prüflinge richten sich nach den curricularen Vorgaben der Bundesländer. Falls diese in Ihrem Bundesland nicht spezifiziert sind, empfehlen wir für den monologischen Teil 5 Minuten Redezeit je Prüfling. Für die anschließende Diskussion sind 10 Minuten angesetzt.
CD-ROM	Editierbare Word-Dateien auf der CD-ROM: – Partnerprüfung – Gruppenprüfung (auch als alternative Partnerprüfung einsetzbar) – Erwartungshorizont – Bewertungsraster und -kriterien – Aufwärmimpulse – Redemittellisten zur Prüfungsvorbereitung – Checklisten

En clase queréis organizar un debate sobre el tema: **¿Conservar las tradiciones indígenas o promover el progreso?** Has encontrado este blog acerca del tema y piensas que puede ser interesante para el debate.

Actividades:

1 **Resume el blog sobre la situación de los indígenas en México y da tu propia opinión sobre lo que dice el autor y cómo lo dice.**

---

por: monteazul

No puedo entender por qué a alguna gente le molesta que no toda la gente en México hable español. Antes del español los idiomas y dialectos indígenas ya existían y si los mayas hubieran descubierto Europa todos hablaríamos su idioma. Las culturas prehispánicas[1] eran más desarrolladas[2] de lo que muchos creen. Los mayas ya conocían el cero antes que los babilonios[3] y sus conocimientos astronómicos[4] hasta el día de hoy siguen asombrando[5] a la comunidad científica (imagínate tener un calendario tan exacto como el que usamos ahora sin los instrumentos de hoy). ¿Has leído las profecías[6] mayas? Deberías hacerlo para tener una idea de lo que hablo. Yo soy indígena y respeto todas las costumbres y tradiciones que existen en mi patria. Y soy mexicano por suerte. Porque en México, a pesar de todo, tenemos libertad, pluralismo y democracia. Por otro lado, el idioma no tiene nada que ver con el progreso[7]. ¿O acaso en Estados Unidos no existen los sioux que hablan su propio idioma o en Canadá los inuit, los catalanes en España, …? México está jodido[8] por los "civilizados" y no por las etnias. Somos nosotros, tú y yo, los que hacemos el progreso y destruimos nuestras culturas ancestrales[9], nuestras tradiciones y acabamos[10] con su hábitat[11] natural.

---

1 **prehispánico/-a** de la época antes de la llegada de los españoles   2 **desarrollado/-a** *entwickelt*
3 **los babilonios** die Babylonier   4 **los conocimientos astronómicos** *astronomisches Wissen*   5 **asombrar** sorprender
6 **la profecía** *die Prophezeiung*   7 **el progreso** *der Fortschritt*   8 **estar jodido/-a** (vulg.) *kaputt, am Ende*
9 **ancestral** antiguo/-a   10 **acabar con** *zerstören*   11 **el hábitat** *Lebensraum*

2 **Discute el tema con tu compañero/-a teniendo en cuenta**
  – las tradiciones indígenas (las lenguas, la organización del trabajo, el significado de la naturaleza),
  – la situación de los indígenas,
  – la actitud del gobierno mexicano y de la sociedad.

TU PAPEL

Para ti todos los humanos son iguales y es necesario actuar con respeto y tolerancia.

América Latina Las culturas indígenas entre tradiciones y progreso	**Alumno B** Partnerprüfung

En clase queréis organizar un debate sobre el tema: **¿Conservar las tradiciones indígenas o promover el progreso?** Has encontrado este blog acerca del tema y piensas que puede ser interesante para el debate.

Actividades:

1 **Resume el blog sobre la situación de los indígenas en México y da tu propia opinión sobre lo que dice el autor y cómo lo dice.**

---

por: JavierG

Me da pena[1] ver cómo muchos de los indígenas han hecho una caricatura de su propia cultura: Fui a Zinacantán[2] y vi el caso de una familia que usa su casa como parte de un corredor turístico[3] por las "comunidades indígenas". Se encuentra a la señora trabajando frente al telar[4], luego un cuarto donde se pone a hacer unas tortillas y las ofrece con frijoles[5] y queso. Muchos turistas dicen: "Ahh, qué lindo, se ve claramente cómo conservan su cultura y nos muestran amablemente parte de su vida cotidiana[6]".

Con un poco de observación se nota que ese cuarto no se usa más que para el turismo, su casa realmente es otra y muchos de sus productos son maquilados[7] por otra parte, y lo que realmente hacen es jugar a ser indígenas, y el telar es el atractivo turístico.

Luego pasé por algunas comunidades zapatistas y vi con mucha tristeza cómo tienen tomada la zona y han instalado dos casetas de cobro[8] separadas por 100 metros antes de entrar. Y hablamos de partes del estado donde las reglas las ponen los mismos indígenas. Hay "indígenas" con tenis[9] y chamarras de piel[10] que tienen a varios niños descalzos[11] a los que indican a qué turistas acercarse para pedir dinero.

---

1 **dar pena** *leidtun*   2 **Zinacantán** *pueblo en Chiapas, México*   3 **corredor turístico** *touristischer Rundgang*
4 **el telar** *der Webstuhl*   5 **los frijoles** *schwarze Bohnen*   6 **la vida cotidiana** la vida diaria, normal
7 **maquilado/-a** fabricado/-a   8 **la caseta de cobro** *das Kassenhäuschen*   9 **los tenis** las zapatillas
10 **la chamarra de piel** *die Lederjacke*   11 **descalzo/-a** sin zapatos

2 **Discute el tema con tu compañero/-a teniendo en cuenta**
   – las tradiciones indígenas (las lenguas, la organización del trabajo, el significado de la naturaleza),
   – la situación de los indígenas,
   – la actitud del gobierno mexicano y de la sociedad.

TU PAPEL

El mundo indígena te fascina, pero su situación te preocupa.

Prüfungen für die 10. Klasse
Un viaje de fin de curso

Partner- oder Gruppenprüfung	Jahrgangsstufe 10	Spanisch neu einsetzend

Aufgabenform	Jeder Prüfling präsentiert ein ihm zugeteiltes Foto und äußert seine persönliche Meinung zu den dargestellten Aktivitäten. Im anschließenden Gespräch diskutieren die Prüflinge darüber, für welche Ferienaktivitäten sie sich entscheiden.
Nachzuweisende Kompetenzen nach *A2 GeR*	Der Schüler / Die Schülerin … – kann kurz und einfach ein Foto beschreiben. – kann einfache Beschreibungen von Vorlieben und Abneigungen geben und zwar in kurzen, listenhaften Folgen aus einfachen Wendungen und Sätzen. – kann diskutieren, was man als Nächstes tun sollte, kann Vorschläge machen und auf Vorschläge reagieren.
Geprüftes Sachwissen	– *Las actividades de tiempo libre* – *Las regiones turísticas de España* – *El tiempo en España*
Sprachliche Anforderungen	– Präsens der Verben – Modalverben – *ser* und *estar* – Komparativ – *gustar*
Vorbereitung im vorausgehenden Unterricht	– Thematischen Wortschatz erweitern und festigen – Fotos beschreiben – Formulierung von Fragen – Durchführung von Rollenspielen
Vorgehensweise	Eine Vorbereitungszeit für diese Prüfung ist empfehlenswert, da sie den Schülerinnen und Schülern die Gelegenheit gibt, sowohl ihren Vortrag zu planen und zu strukturieren als auch Argumente für den dialogischen Prüfungsteil zu überlegen. Die Redezeiten der Prüflinge richten sich nach den curricularen Vorgaben der Bundesländer. Falls diese in Ihrem Bundesland nicht spezifiziert sind, empfehlen wir für den monologischen Teil 2 Minuten Redezeit je Prüfling. Für die anschließende Diskussion sind 6 Minuten angesetzt.
CD-ROM	Editierbare Word-Dateien auf der CD-ROM: – Partnerprüfung – Gruppenprüfung (auch als alternative Partnerprüfung einsetzbar) – Erwartungshorizont – Bewertungsraster und -kriterien – Aufwärmimpulse – Redemittellisten zur Prüfungsvorbereitung – Checklisten

Vais a hacer un viaje de fin de curso a España en verano. Ya tenéis muchas ganas de ir, pero todavía no habéis decidido qué tipo de vacaciones queréis hacer.

Actividades:

1 **Describe la foto y explica si coincide con tus ideas para unas vacaciones de verano.**

2 **Discute con tu compañero y trata de convencerlo de que pasar dos semanas en las playas de Ibiza sería el viaje ideal para vosotros. Al final tenéis que decidiros por una de las propuestas.**

Un viaje de fin de curso	Alumno B Partnerprüfung

Vais a hacer un viaje de fin de curso a España en verano. Ya tenéis muchas ganas de ir, pero todavía no habéis decidido qué tipo de vacaciones queréis hacer.

Actividades:

1 Describe la foto y explica si coincide con tus ideas para unas vacaciones de verano.

El Parque del Retiro

2 Discute con tu compañero y trata de convencerlo de que visitar Madrid es la mejor opción para vuestro viaje. Al final tenéis que llegar a un acuerdo.

Prüfungen für die 10. Klasse
Un trabajo de verano

Partnerprüfung	Jahrgangsstufe 10	Spanisch fortgeführt

Aufgabenform	Jeder Prüfling präsentiert einen Ferienjob aus der Sicht eines Bewerbers oder des Anbieters und äußert seine Meinung. Im Anschluss daran simulieren die Prüflinge ein Bewerbungsgespräch.
Nachzuweisende Kompetenzen nach A2 GeR	Der Schüler / Die Schülerin … – kann einfache Gruß- und Abschiedsformeln gebrauchen. – kann jemanden nach dem Befinden fragen und auf Neuigkeiten reagieren. – kann über Aspekte des eigenen alltäglichen Lebensbereiches berichten, z. B. über Beruf und Ausbildung. – kann sich in einem Interview verständlich machen und Informationen und Ideen zu vertrauten Themen mitteilen, vorausgesetzt er/sie kann gelegentlich um Klärung bitten und erhält Hilfe, das auszudrücken, was er/sie sagen möchte.
Geprüftes Sachwissen	– Berufe, Praktika, Ferienjobs – Stellenausschreibungen und Bewerbungsgespräche – Erfahrungen und Schlüsselqualifikationen
Vorbereitung im vorausgehenden Unterricht	– Thematischen Wortschatz erweitern und festigen – Persönliche Interessen evaluieren – Qualifikationen und Erfahrungen benennen und bewerten – Bewerbungsschreiben verfassen – Tipps für gelungene Bewerbungsgespräche sammeln – Bewerbungsgespräche simulieren
Vorgehensweise	Eine Vorbereitungszeit für diese Prüfung ist empfehlenswert, da sie den Schülerinnen und Schülern die Gelegenheit gibt, sowohl ihren Vortrag zu planen und zu strukturieren als auch das Bewerbungsgespräch vorzubereiten. Die Redezeiten der Prüflinge richten sich nach den curricularen Vorgaben der Bundesländer. Falls diese in Ihrem Bundesland nicht spezifiziert sind, empfehlen wir für den monologischen Teil 2 Minuten Redezeit je Prüfling. Für die anschließende Diskussion sind 8 Minuten angesetzt.
CD-ROM	Editierbare Word-Dateien auf der CD-ROM: – Partnerprüfung – Alternative Partnerprüfung – Erwartungshorizont – Bewertungsraster und -kriterien – Aufwärmimpulse – Redemittellisten zur Prüfungsvorbereitung – Checklisten

Un trabajo de verano	**Alumno A** Partnerprüfung

Quieres pasar las vacaciones de verano en España, pero necesitas dinero y decides buscarte un trabajo de verano allí. En Internet encuentras una oferta de trabajo que te interesa.

Actividades:

1 **Lee la oferta y explica por qué te interesa.**

2 **Haz una entrevista de trabajo con el jefe de personal del restaurante.**

Puesto de trabajo:	Camarero/-a de Restaurante Vegetariano (a la carta y BioBufé)
Descripción:	Funciones: Coordinación con cocina, uso de la bandeja[1], atender unas 10 mesas. 2 días seguidos de descanso.
Población:	Madrid – 28003
Descripción de la empresa:	Somos un restaurante que nos dedicamos, desde hace 15 años, al bienestar y la salud del ser humano, basados en el respeto hacia la naturaleza y el medioambiente. Las personas que formamos el equipo del restaurante compartimos la filosofía de vida alternativa y saludable.
Otros requisitos:	Se requiere: – capacidad para trabajar en equipo, agilidad, trato cordial[2] – incorporación inmediata[3] – disponibilidad fines de semana y noches
Se valorará:	Se valorarán nociones de: – productos vegetarianos/biológicos – vinos – informática usuario (word, e-mail) – inglés, alemán (básico)
Horas semanales:	40
En horario de:	Mañana, tarde y noche
Se trabaja fin de semana:	Sí
Días libres a la semana:	2
Salario mensual bruto:	1400 € (+ propinas[4])

1 **la bandeja** das Tablett   2 **el trato cordial** der freundliche Umgang
3 **la incorporación inmediata** die sofortige Anstellung   4 **la propina** das Trinkgeld

Eres el/la jefe/-a de personal de un restaurante vegetariano de Madrid y buscas un camarero o camarera para tu equipo. En Internet has publicado una oferta de trabajo.

Actividades:

1 **Lee la oferta y describe tu restaurante y el puesto de trabajo que ofreces.**

2 **Haz una entrevista de trabajo a tu compañero/-a que se presenta para el puesto.**

Puesto de trabajo:	Camarero/-a de Restaurante Vegetariano (a la carta y BioBufé)
Descripción:	Funciones: Coordinación con cocina, uso de la bandeja[1], atender unas 10 mesas. 2 días seguidos de descanso.
Población:	Madrid – 28003
Descripción de la empresa:	Somos un restaurante que nos dedicamos, desde hace 15 años, al bienestar y la salud del ser humano, basados en el respeto hacia la naturaleza y el medioambiente. Las personas que formamos el equipo del restaurante compartimos la filosofía de vida alternativa y saludable.
Otros requisitos:	Se requiere: – capacidad para trabajar en equipo, agilidad, trato cordial[2] – incorporación inmediata[3] – disponibilidad fines de semana y noches
Se valorará:	Se valorarán nociones de: – productos vegetarianos/biológicos – vinos – informática usuario (word, e-mail) – inglés, alemán (básico)
Horas semanales:	40
En horario de:	Mañana, tarde y noche
Se trabaja fin de semana:	Sí
Días libres a la semana:	2
Salario mensual bruto:	1400 € (+ propinas[4])

1 **la bandeja** das Tablett   2 **el trato cordial** der freundliche Umgang
3 **la incorporación inmediata** die sofortige Anstellung   4 **la propina** das Trinkgeld

Ein Bild beschreiben

en la parte superior

al fondo

a la izquierda
al lado (de)

en el centro

a la derecha
al lado (de)

en el primer plano

en la parte inferior

Exponer lo que expresa o simboliza la imagen:

Esta imagen | expresa …
muestra (que) …
representa/simboliza …

Interpretar lo que quiere decir el artista o el fotógrafo:

El artista / el fotógrafo quiere
La meta del artista es
Lo que quiere el fotógrafo es

criticar …
señalar (que) …
demostrar (que) …
llamar la atención sobre (el hecho de que) …
provocar compasión/miedo/…

Eine Person beschreiben

Aussehen
Es…
joven
mayor
viejo/-a
alto/-a
bajo/-a
rubio/-a / pelirrojo/-a / de pelo castaño/negro
delgado/-a
gordo/-a
guapo/-a

Charakter
Es/Parece …
amable
simpático/-a
alegre
tranquilo/-a
inteligente
serio/-a
sincero/-a
rudo/-a
bondadoso/-a
maligno/-a

Redemittel für das monologische Sprechen

Opinar
Yo pienso/creo/opino/diría que …
No pienso/creo que + *presente de subjuntivo*
Me parece que …
En mi opinión …
Para mí … / Desde mi punto de vista …
Estoy seguro/-a que …
Estoy convencido/-a que …
Estoy a favor de …
Estoy en contra de …
No entiendo por qué …
Lo bueno/malo es que …
Es evidente/obvio que … (+ *indicativo*)

Subrayar algo
Lo más importante es (que) …
Un aspecto esencial es (que) …
Ante todo quiero destacar (que) …
Sobre todo hay que ver (que) …

Estructurar
Para empezar … / Primero … / Al principio … / Antes que nada …
En primer lugar … / En segundo lugar … / En tercer lugar …
Después … / Luego …
Además …
Finalmente … / Al final … / Para terminar …
Eso significa/muestra que …
Generalmente … / Normalmente …
Seguramente … / Probablemente …
Por eso … / Por lo tanto …
Pero … / Al contrario …
Por un lado …, por otro lado …

Dar ejemplos
Por ejemplo, …
Para nombrar un ejemplo …
Tomemos el ejemplo de …

Resumir
Por fin … / Al fin y al cabo …
Sólo queda por decir que …
En resumen …

Redemittel für das dialogische Sprechen

Pedir aclaraciones o repeticiones

¿Qué quieres decir con …?
¿Qué significa para ti …?
¿Qué piensas sobre …?
¿Piensas que…?
¿Cómo dices?
¿A qué te refieres?
« … », ¿qué significa ?
Perdona, ¿puedes repetir lo que has dicho?
¿Puedes hablar más alto/despacio, por favor?
No entiendo la pregunta / la palabra / la frase.
A ver si lo entiendo bien: …
O sea, que …

Tratar de explicarse

¿Cómo te explico?
Mira, a ver si me entiendes: …
A ver, sí, entiendo tu punto de vista, pero …

Preguntar por la opinión del otro

¿Qué piensas tú?
¿Cómo ves tú …?
¿O no es así?
¿Me entiendes? / ¿Sabes?

Interrumpir a alguien

Perdona que te interrumpa, pero …
Espera un momento …

Expresar su acuerdo

Estoy de acuerdo con que …
Es exactamente mi punto de vista.
Sí, entiendo tu punto de vista.
Tienes razón. / Es verdad.
¡Por supuesto! / ¡Desde luego! / ¡Claro que sí!
Es una buena idea.

Expresar su desacuerdo

Perdona, pero esto no lo veo así.
Yo pienso justo lo contrario.
No veo las cosas como tú.
No estoy de acuerdo contigo.
Me parece que estás equivocado/-a.
Creo que no es así.
No pienso/creo que + *presente de subjuntivo*
No entiendo por qué …
No tienes razón.
No es verdad. / No es cierto.
Es verdad que … pero …
¡De ninguna manera!
¡Claro que no!
¡Qué va!
¿Qué dices?

Pro y contra

Es cierto/verdad que…, pero…
Sí, pero … / Puede ser, pero …

Expresar indiferencia

Me da lo mismo. / Me da igual.
No me importa.

Manifestar interés y sorpresa

¡Anda! / ¡Vaya! / ¡No me digas!
¡Fíjate! / ¡Venga!
A ver, ¡cuéntame!
¿De verdad? / ¿De veras?

Añadir ideas

Otro aspecto importante es que …
Es muy importante añadir que …
También hay que mencionar que …
No debes olvidar que …

Proponer algo

Quisiera proponer lo siguiente: …
Una solución podría ser (que + *imperfecto de subj.*) …
¿Por qué no …?